Liderança
num
Mundo de Desafios

Uma Jornada Sagrada

Barbara Shipka

LIDERANÇA
NUM
MUNDO DE DESAFIOS

Uma Jornada Sagrada

Tradução
JÚLIO M. M. BRANDÃO

Ilustrações
MARGI ORMAN

EDITORA CULTRIX
São Paulo

Título do original:
Leadership in a Challenging World

Copyright © 1997 Barbara Jo Shipka.
Ilustrações de Margaret E. Orman, Copyright © 1996.

Publicado originalmente por Butterworth–Heinemann, uma divisão da Reed Educational & Professional Publishing Ltd.

Excerto de *Truth or Dare* de Starhawk. Copyright © 1987 Mirian Simos. Reproduzido com a permissão da HarperCollins Publishers Inc.

Todos os direitos reservados. Nenhuma parte deste livro pode ser reproduzida ou usada de qualquer forma ou por qualquer meio, eletrônico ou mecânico, inclusive fotocópias, gravações ou sistema de armazenamento em banco de dados, sem permissão por escrito dos Editores.

O primeiro número à esquerda indica a edição, ou reedição, desta obra. A primeira dezena
à direita indica o ano em que esta edição, ou reedição, foi publicada.

Edição	Ano
1-2-3-4-5-6-7-8-9	00-01-02-03

Direitos de tradução para a língua portuguesa
adquiridos com exclusividade pela
EDITORA CULTRIX LTDA.
Rua Dr. Mário Vicente, 374 — 04270-000 — São Paulo, SP
Fone: 272-1399 — Fax: 272-4770
E-mail: pensamento@cultrix.com.br
http://www.pensamento-cultrix.com.br
que se reserva a propriedade literária desta tradução.

Impresso em nossas oficinas gráficas.

Ouça a história da mulher
que nos diz...
Existem tempos, meus queridos,
em que sabemos que vamos morrer
e levar conosco o grande zunido da dança da vida.
Que algo tem de mudar, sabemos disso sim,
mas somos fortes o bastante?
E...haverá tempo?
Então, quando o medo chega, e nos fere o bastante,
gostamos de contar a nós mesmos
histórias de poder,
de como o perdemos
e o que fazer para conquistá-lo de novo.
E dizemos a nós mesmos
que os lamentos que ouvimos devem ser aqueles da labuta diária
e que a dor que sentimos deve ser ainda aquela do nascer.

— Extraído de "A Story of Beginnings" *in Truth or Dare*
por STARHAWK

DEDICATÓRIA

Às crianças

Não herdamos a Terra de nossos ancestrais.
Apenas a tomamos emprestada de nossos filhos.

— Provérbio Antigo

SUMÁRIO

Lista de Ilustrações 13

Agradecimentos 15

Prefácio: A Floresta e uma Trilha 17
Sobre a Floresta e uma Trilha
Por que Escrevi Este Livro
Por que Você Iria Querer Lê-lo
Um Breve "Guia de Campo" das Palavras

PARTE I: A FLORESTA

Prelúdio: Direções na Floresta 29
O que Está Morrendo (ou se Transformando)?
O que Está Nascendo (ou Sendo Desperdiçado)?
Que Caminho Seguir?

A Floresta I: A Necessidade dos Desafios
1. Emergência Global 37
Sistemas que não Servem à Vida
Crises de Interligação
Desequilíbrio Econômico e Social

2. Dilemas e Questões Sobre Negócios 42
Sobrevivência
Sistemas Globais e Pessoas como Indivíduos
Suposições Acerca dos Negócios e do que Eles Podem Realizar

3. Crise e Oportunidade para Líderes 47
Rompendo Nosso Transe Cultural
Como Encontrar as Raízes da Nossa Criatividade
O Questionamento das Crenças Pessoais
Viver Plenamente a Vida

LIDERANÇA NUM MUNDO DE DESAFIOS

A Floresta II: Imaginando Possibilidades

4. *Tudo Está na Nossa Mente* 55
Pensando Além do Convencional
Nós Criamos o Nosso Futuro
Suposições e Realidade

5. *Como Ver o Jardim de um Modo Totalmente Novo* 60
Um Enfoque
Mudança dos Indivíduos e dos Sistemas
Visões
Organizações São Acordos

6. Bridge People *ou "Elos de Ligação"* 66
Formamos um Elo de Ligação
Haurindo da Sabedoria Antiga
Em Busca de uma Essência

PARTE II: UMA TRILHA

Prelúdio: Percorrendo uma Trilha 75
Assegurando a Presença do Sol
A Consciência da Jornada

Uma Trilha I: O Caminho Interior

7. *O Poder da Vitalidade* 81
Pare de se Preocupar
Engajamento Total
Presença e Atenção
Segurança e Sentimento de Segurança

8. *O Poder da Paixão* 90
Significado Profundo
A Via Negativa
Mantendo o Propósito

9. *O Poder da Integridade* 95
Ética Pessoal
Coragem
Coerência

10. O Poder da Autenticidade 102
Auto-referência
Concentração Profunda
Paz Interior

Uma Trilha II: Caminhando com Alguém
11. O Poder de se Relacionar 109
Vulnerabilidade e Compaixão
O Trabalho em Círculos
Conversação
Reunindo Sabedoria

12. O Poder da Expressão 120
Falando a Verdade Pessoal
Aprendizagem Produtiva
Manifestação

13. O Poder da Perspectiva 127
Ampliando o Contexto
Cultivando um Campo de Visão
Pensamento Holístico

14. O Poder do Respeito 135
Graça e Humildade
O Serviço e o Trabalho dos Anciãos
A Dignificação do Mistério

PARTE III: A TRILHA BEM-PERCORRIDA

Prelúdio: Uma Morada de Eterna Verdade 143
Perfeição Geométrica
Oito Poderes e Sete Chakras
As Relações Entre os Poderes

15. A Integração dos Oito Poderes 148
Complementação Geral
Equilíbrio Específico
Formando um Todo

16. Caminhe Bem 156
Assumindo Responsabilidade
A Vida como um Paradoxo
Nosso Processo Evolutivo
Lidando com Questões Sem Resposta

Bibliografia 163

LISTA DE ILUSTRAÇÕES

Símbolo do Tai-Chi	29
As Duas Leis Sagradas	69
Círculos Interligados	70
Mito das Equipes Autodirigidas	112
Realidade das Equipes Autodirigidas	113
Escada das Deduções	114
As Oito Perspectivas do Conselho	118
Rolaids	123
Dieta Saudável	124
Da Vinci: Proporções do Corpo Humano	144
Os Sete Chakras	145
As Duas Fontes de Luz	149

AGRADECIMENTOS

A Cathy Yandell, Michele Smith, Jan Dolejsi e Charlaine Tolkien por plantarem a semente da possibilidade em minha mente, quando cada um, independentemente, me impeliu que escrevesse.

A Peter Krembs, Cheryl Alexander, Christina Baldwin, Charlaine Tolkien, Sarita Chawla e Kazimierz Gozdz, pelos cuidados e dedicação ao rebento e pelas longas horas de leitura, crítica e zelo para com os meus escritos iniciais. A Magaly Rodriguez, pela sugestão — quando eu havia desistido — de prender em minha mente e no meu coração o mundo das crianças, e de escrever por e para *elas*. A John Renesch por criar, por meio da *New Leaders Press Business Anthologies,* o jardim onde as sementes puderam ser plantadas.

A Susen Fagrelius, Pablo Gaito, Peter Krembs, Jeff Linzer, Vijit Ramchandani, Jan Smith e Karen Speerstra, que cuidaram conscientemente do crescimento da planta até a sua primeira floração. Eles se comprometeram a se reunir periodicamente para dialogarem, num esforço para apoiar o meu processo de trabalho; proporcionaram-me um preciosíssimo retorno em meu primeiro rascunho, e estiveram sempre presentes enquanto eu escrevia. Sem eles, esta planta teria morrido desidratada ou em meio às geadas. Também agradeço a Nancy Cosgriff, Jan Dolejsi, Margaret Lulic e a Lesley e Terrence Taylor pelo generoso tempo despendido e pelo retorno na leitura do primeiro rascunho.

A Karen Speerstra, cujas habilidades em jardinagem são grandes, e as de parteira, ainda maiores. Pelo seu trabalho na publicação de livros com temas relacionados à espiritualidade e à transformação dos negócios, ela está assistindo ao nascimento de novas potencialidades.

A Margi Orman pela sua capacidade em passar para o papel, com classe e simplicidade, as imagens da minha mente.

Aos meus clientes do passado e do presente, por oferecerem um meio fantástico de aprendizado, criação e crescimento. Tudo fica melhor e mais interessante quando trabalhamos juntos.

A John Adams e Sabina Spencer por me introduzirem à World Business Academy e, por conseqüência, às muitas pessoas maravilhosas, visionárias e engajadas, que tive a oportunidade de conhecer.

Para os de casa, que amaram e apoiaram, a mim e ao Michael, de forma especial e com muita ternura, durante todo este projeto: Cheryl Beardslee, Jody, Doug, e Shawn Carlson, Dinesh Chandra, Steve Figlmiller, Aaron Flickstein, Carol Frenier, Peter Krembs, Sharon Lehrer, Margaret Lulic, Ricka e Josh Kohnstamm, Jeff Linzer, Alec, Cary, Patricia, e Craig Neal, Patty e Bill Thomson, Rosie e Peter Sam.

A *todos* vocês que formam o passado, o presente e o potencial mosaico de relações e ligações que formam a minha vida. Na eterna correria para se cumprir os prazos, posso ter lamentavelmente esquecido de *mencionar* você, mas de forma alguma o esqueci.

E principalmente ao meu filho Michael, que é o meu mais exigente e recompensador professor. Ao escrever a cada dia, ele me guiava de volta à rotina e à realidade do nosso dia-a-dia. Assim, ele ajudou-me a manter o equilíbrio, a alegria e a irreverência do "mundo real".

Obrigado a todos pela forma com que produzimos este livro. Sou muito agradecida por caminhar por um certo tempo junto com vocês pelo planeta Terra.

PREFÁCIO

A Floresta e uma Trilha

O panorama global dos dias de hoje é o de uma profunda crise, que tanto pode levar ao extermínio da humanidade quanto ao surgimento de uma nova civilização... Isso está diante de todos os que vivem hoje neste planeta...

— MIKHAIL GORBACHEV

Sobre a Floresta e uma Trilha
Por que Escrevi Este Livro
Por que Você Iria Querer Lê-lo
Um Breve "Guia de Campo" das Palavras

SOBRE A FLORESTA E UMA TRILHA

A primeira parte deste livro é uma rápida olhada pela floresta. Ela é muito mais do que meras árvores; é um sistema completo. Inclui as chuvas que caem, os esquilos que murmuram, a canção matinal dos pássaros, o brilho do sol nas folhas, os cogumelos que se desenvolvem no tronco de uma árvore morta, o ar puro e fresco, as cachoeiras. Ela é o ambiente, o contexto através do qual caminhamos. Dentro dela, o ciclo completo de nascimento, crescimento e morte acontece continuamente. O mesmo acontece com o nosso mundo. Ele é a nossa floresta, o nosso contexto.

A floresta causa ao mesmo tempo medo e encantamento.

"A Floresta I: A Necessidade dos Desafios" é uma pincelada sobre as tendências ameaçadoras que pairam sobre o tempo e os animais selvagens da floresta, que fazem parte do nosso mundo. Possui os elementos do desespero e do sentimento de perda pelo que aparentemente está morrendo.

"A Floresta II: Imaginando Possibilidades" olha com esperanças na direção do que poderia vir a nascer; de fato, do que já está nascendo por meio do potencial criativo e gerador da força da vida em geral, bem como por meio da imaginação e engenhosidade específicas do ser humano.

A Parte II do livro é uma caminhada por uma trilha ao longo da floresta. Numa caminhada, a floresta inteira por si mesma é o destino; a caminhada em si é o propósito. Pode-se querer chegar a uma cachoeira, a um lago ou a um abrigo; mas o verdadeiro destino final é geralmente retornar ao ponto do qual se partiu. Acontece o mesmo com a sua caminhada pela vida. A consciência da caminhada em si, de estar num caminho, é o seu destino. Caminhando dia após dia, conhece-se cada vez mais a trilha escolhida — e também a sua própria natureza. Com a prática da caminhada, descobrimos que está sendo desenvolvida uma força, uma elasticidade maior e uma paz. Então, um dia você descobre que está se movendo em maior harmonia com toda a floresta — simplesmente por caminhar ao longo de uma trilha.

O verdadeiro destino final é geralmente retornar ao ponto do qual se partiu.

Toda a sua vida é uma trilha no meio da floresta. A trilha, neste livro, relaciona-se ao desenvolvimento adicional de oito poderes que você já possui para sua viagem de liderança. É uma trilha batida, usada e explorada ao longo dos milênios por muitas pessoas em todo o mundo.

POR QUE ESCREVI ESTE LIVRO

Todo mundo, por meio de suas experiências humanas, já testemunhou o ciclo de nascimento, crescimento e morte, tanto do ser humano quanto da vida na floresta ao seu redor. Mas nem todos viveram num tempo assim, em que toda a floresta pode desaparecer, deixando para trás um solo completamente estéril. Pois você e eu vivemos num tempo assim.

No mundo atual — pela sua infra-estrutura, recursos e poder — os negócios determinam diretamente o que morre e o que nasce; o quanto morre e o quanto nasce; bem como a qualidade de vida e o crescimento experimentado nesse intervalo. Os negócios têm um papel decisivo no futuro da floresta, estejam ou não as pessoas nele envolvidas conscientes dessa realidade — e da responsabilidade que isso acarreta. Os negócios são a força maior que determina o futuro de toda a vida tal qual a conhecemos. E, em verdade, tal como qualquer outra instituição, *"business"* ou "negócios", são simplesmente o conjunto de acordos que as pessoas fazem, mantêm ou mudam ao longo do tempo. Em outras palavras, os negócios são você, eu, e qualquer um que tome parte, mesmo que indiretamente, nos ajustes que fazem a nossa economia funcionar. Por isso, o papel da nossa liderança é fundamental — e de uma grande responsabilidade.

Em 1986, depois de ter passado os três anos anteriores trabalhando com a Alta Comissão das Nações Unidas para Refugiados na Somália, no Sudão e na Etiópia, cheguei a um ponto crucial em minha carreira: aceitar um posto de trabalho no Banco Mundial em Papua-Nova Guiné, e fazer do trabalho de desenvolvimento internacional o meu caminho, ou voltar às empresas da América e à prática das consultorias que deixara em suspenso.

Inclinei-me pelo trabalho de desenvolvimento internacional; afinal, há muito a ser feito no mundo, e a oportunidade de poder fazer algo parecia muito grande. Porém, um incidente ocorrido naquela época em minha vida marcou-me profundamente.

Eu estava passando a manhã com um monge da Igreja Católica da Etiópia, em Asmara, que fazia a distribuição de alimentos para a região. Em seu escritório havia um quadro-negro com uma espécie de gráfico desenhado. No lado esquerdo, embaixo, estavam os nomes dos lugarejos; no outro lado, em cima, os meses do ano. Os espaços da tabela continham números como 10.000, 20.000 e 40.000. O monge explicou-me que "O gráfico mostra o total de comida que nós distribuímos".

Estávamos em fevereiro. Eu notara que de abril em diante, muitos dos espaços estavam simplesmente marcados com um "X", e pedi, então, ao monge uma explicação para isso, ao que ele replicou: "No começo de abril, os poloneses levarão de volta os helicópteros que nos emprestaram. Eles precisam deles para outras tarefas. Estes lugares marcados com um 'X' só podem ser alcançados pelo ar." "E o que irá ocorrer então?", perguntei assustada. "Essas pessoas não têm mais nenhuma comida, e não têm, hoje em dia, mais capacidade para obtê-la do que antes, têm?" "Não, não têm", ele respondeu. "Mas a atenção do mundo mudou; muitos pensam que a fome e a seca já não existem mais."

Naquela situação, quando os alimentos paravam de chegar, as pessoas ou saíam andando, ou morriam — ou caminhavam e morriam. No meu trabalho na África, tratávamos dos sintomas, um após outro; mas muito pouco era alterado basicamente. A menos que os sistemas mudem, e até que isso ocorra, as pessoas morrem. Refletindo sobre o encontro com o monge, também me perguntei: "Que sistemas poderiam fazer uma diferença no mundo, se fossem mudados?" Escolhi por retornar à consultoria de negócios privados. Senti como que uma pontada de auto-indulgência, a volta a um dia-a-dia mais simples. Confessei esse sentimento ao meu amigo Michael e ele me disse: "Ora, sejamos sinceros nesse ponto: será que você realmente acredita que trabalhar em negócios na América seja mais fácil? É muito duro. E crucial. É possível que, se os negócios não fizerem a diferença, nenhum de nós fará."

> *Quando mudamos a nossa mentalidade, nossos acordos e nossas práticas, os sistemas mudam.*

"Fazer isso" significa mais do que ter sucesso em termos convencionais. Significa ter sucesso enquanto se alteram dramaticamente a organização e os sistemas globais encarregados de viabilizar a floresta, nosso mundo. Como são alterados esses sistemas? Por meio de nós, de como pensamos acerca de nós mesmos e do nosso relacionamento com o mundo. Quando mudamos a nossa mentalidade, nossos acordos e nossas práticas, os sistemas mudam.

Para mudar a nossa mentalidade, temos de ir fundo, tanto para o interior da floresta quanto para dentro de nós mesmos, à medida que seguimos pela trilha. Em alguns dias, será possível ver facilmente as distâncias ao longo do caminho, pois haverá menos névoa; em outros será preciso vadear um riacho, ou abrir caminho ao redor de uma árvore caída. Persistência e engenhosidade, ou mesmo um pequeno cajado, ou o pedaço de um galho ajudam nessas horas. Este livro é como um cajado que irá ajudá-lo na caminhada pelas trilhas da sua vida de trabalho — o trabalho de prover lideranças no mundo dos negócios em tempos de enormes mudanças e transições. Estes são tempos em que a sua viagem requer toda a consciência, a criatividade e o potencial que puder reunir a fim de atravessar, apoiar e entrar em harmonia com a sua vida, com as mudanças globais e com o mundo.

Por que Você Iria Querer Lê-lo

Este livro foi escrito principalmente para as pessoas de negócios. É dirigido, especificamente aos que se vêem como líderes — quer estejam em posições de poder ou não. Adicionalmente, ele é escrito para todos os que estão nos levando na direção do nosso futuro, e que vêem seu trabalho como algo sagrado.

Um redirecionamento bem-sucedido, porém radical, acerca da liderança e dos negócios é exigido, e somente virá se estivermos bem-preparados. Como em qualquer caminhada pela floresta adentro, é aconselhável levar tudo o que for preciso para tornar seu caminho tão seguro quanto possível. No contexto deste livro, "bem-equipado" significa ampliar suas habilidades nos negócios convencionais, seus conhecimentos e talentos, com poderes pessoais mais plenos e aguçados. Esses poderes podem ser aumentados por meio de um maior conhecimento de si mesmo, sobre como e o que você pensa, acerca de onde você está aprendendo e crescendo, e sobre a sua profundidade de espírito.

Você achará interessante prosseguir na leitura do livro se você:

- Quiser um material de apoio ao questionamento das suas suposições e crenças.
- Tiver a esperança de provocar mudanças no mundo, por pequenas ou grandes que sejam, independentemente de quão grande ou pequeno seja o seu mundo.
- Estiver explorando modelos emergentes de liderança nos negócios.
- Quiser ter visão e elementos para aplicar maior autenticidade e criatividade no seu local de trabalho.
- Estiver interessado em obter maior coerência e integridade pessoal por meio de uma união direta e aberta entre trabalho e espírito.
- Desejar considerar essa caminhada pela floresta como uma opção para dedicar-se à liderança como um trabalho sagrado.

UM BREVE "GUIA DE CAMPO" DAS PALAVRAS

A linguagem não exprime apenas a realidade, mas também a forma. As palavras que você usa e as definições que lhes dá revelam muito acerca do mundo como você o vê. As palavras definem a "realidade".

Por meio dos negócios globais e da disseminação do idioma inglês, graças a eles, estamos criando uma cultura global.

No final do século XX, o inglês passou a ser a linguagem básica das organizações globais em geral e da grande maioria das organizações de negócios globais. Com isso, o inglês não só *expressa* a realidade dos negócios correntes, mas está *delineando* suas inúmeras fronteiras econômicas, políticas, sociais e éticas para o futuro. Assim, por meio dos negócios globais e da disseminação do idioma inglês, graças a eles, estamos criando uma cultura global.

Uma etapa da jornada de um líder em negócios é o desenvolvimento de uma consciência mais profunda acerca do uso da linguagem e do impacto que ela causa. Aqui está o modo como eu defino algumas palavras importantes deste livro:

Assumption [Premissa]

O vocábulo inglês *assumption* pode ser traduzido por suposição ou premissa. Premissa e crença são termos intercambiáveis.

Business [Negócios]

Uma definição arcaica do vocábulo inglês *business* ou negócios, seria a de uma "atividade de propósitos" — como em *busyness*. *Business* denota o mundo das empresas, das organizações que buscam o lucro, da compra e venda de produtos e serviços, das transações financeiras.

Challenging [Desafio]

O vocábulo inglês *challenging* tem dois significados bastante diferentes. Um é o de "fazer surgir um interesse, pensamento ou ação competitivos". Um segundo significado é o de "interessante ou estimulante," como num problema ou numa tarefa, por exemplo. A definição que escolhemos determina fundamentalmente o modo como lidamos com os desafios no trabalho e no mundo. Os desafios, em si mesmos, permanecem os mesmos.

Evolution [Evolução]

Thomas Berry, um pensador e escritor a respeito da vida na Terra, nos diz que a evolução possui três dinâmicas fundamentais:

- Aumento da percepção ou consciência do "eu".
- Maior responsabilidade de uns para com os outros, ou "intercomunhão".
- Aumento da diferenciação e maior riqueza de variedades.

Global [Global]

Até recentemente, falava-se de negócios quase que exclusivamente como "internacionais" ou "multinacionais". A mudança para global, embora sutil, é significativa. Tanto internacional como multinacional baseiam-se em nações-estados e seus relacionamentos. "Global", por outro lado, não tem nada que ver em particular com nações. Outros significados para a palavra são "universal" e "relativo ao todo". O global vai muito além da geografia. Contém uma noção mais profunda e essencial de totalidade. Portanto, negócios e líderes globais, sejam mundiais ou não, se voltam simultaneamente em direção à totalidade dentro de si mesmos e para toda a vida.

Journey [Jornada]

O vocábulo inglês *journey* [jornada] vem da palavra francesa *jour,* que significa dia. Daí "dias de trabalho" ou "dias de viagem de um lugar a outro". As-

PREFÁCIO: A FLORESTA E UMA TRILHA

sim, uma viagem se passa, tanto ao longo do tempo, quanto do espaço, e implica se chegar a algum outro lugar diferente daquele do qual se partiu.

Leadership [Liderança]

O vocábulo inglês *lead* [conduzir, dirigir] vem do anglo-saxão *laed*, "partir em uma busca", "navegar em direção ao horizonte distante". *Leadership* [direção, liderança] inclui e estende, para mais longe, a noção de posição de mando. No mundo de hoje, todo aquele que possui tempo, dinheiro e energia para se dedicar à leitura deste livro é um líder global em potencial, com a oportunidade de realizar um trabalho sagrado. A grande maioria dos nossos companheiros somente podem ver à frente algumas milhas e algumas refeições — e mesmo isso exige uma boa dose de sorte.

Power [Poder]

O vocábulo inglês *power* [poder] vem do francês arcaico *poeir*, "ser capaz". Virtualmente, todas as definições em comum costumam se relacionar com controle, autoridade ou influência sobre os outros. Neste livro, poder significa uma força que vem de dentro. É um *poder que se destina a:* uma maior harmonia com a ordem natural, permitir ir, encontrar propósito e significado, pensar de uma maneira nova. O que já conhecemos tem um poder sobre nós, mantém-nos presos, e impede-nos de mudar — especialmente se parecer "óbvio". Nossa liberdade e nosso futuro repousam no desconhecido, na exploração do nosso "poder destinado a".

Practice [Prática]

Tocar piano requer experiência. Só ler sobre a vida de Chopin e coisas do gênero não é o bastante. O *poder* para se tocar *bem* o piano exige um domínio que vem de uma prática contínua.

Responsability [Responsabilidade]

O vocábulo inglês *response* [resposta] vem do latim *responsum*, "resposta"; *ability* vem do latim *habilis*, "apto" ou "hábil". *Ability* significa também "a qualidade ou o estado de ser capaz", assim como algo para o qual alguém é responsável e confiável. Portanto, responsabilidade aqui significa ser capaz de responder habilmente e de maneira confiável por qualquer coisa pela qual se seja responsável.

Sacred [Sagrado]

No inglês dos tempos medievais, a palavra *sacren* significava "consagrar, devotar, tornar santificado". Sagrado é tudo o que merece reverência e respeito. Historicamente, liderança no mundo secular não tem sido considerada como algo sagrado. De fato, no Ocidente, um trabalho sagrado é visto como que *distinto* do mundano. No entanto, tudo o que você faz é sagrado, especialmente se possui a força de influenciar vidas. O que poderia ser mais santo e sagrado do que determinar o modo como vivemos? A vida é a mais sagrada das dádivas.

Spirit e Spirituality [Espírito e Espiritualidade]

Assim como o sagrado, o "espírito" e a "espiritualidade" ultrapassam o domínio da Igreja ou da religião. Eles são a própria vida. Através do espírito, preenchemos nossa vida com significados e propósitos mais profundos, desencadeamos nosso ilimitado potencial criativo, compreendemos nossa ligação com os outros e com toda a vida. O vocábulo inglês *spirit* vem do latim *spiritus,* que significa "respirar em uma nova vida, excitar, animar". O espírito é essencial à vida e nos acompanha aonde quer que formos. Podemos escolher *como* e *o quanto* expressar nossa espiritualidade, mas não podemos escolher *se* a expressaremos. O espírito nos diz sobre o trabalho que o trabalho é o ponto básico para a expressão do espírito.

Work [Trabalho]

O vocábulo inglês *work* [trabalho] significa "labuta", as tarefas, os deveres que você faz para conseguir o seu ganho; o esforço que se despende para superar obstáculos e alcançar metas; e é o modo como você dá a sua contribuição ao mundo.

World [Mundo]

"Mundo" e "Terra" têm significados diferentes. O vocábulo inglês *World* [Mundo] vem do inglês arcaico *woruld* para expressar a idéia de "existência humana" e "o estado terrestre da existência humana". A "Terra", por sua vez, é o terceiro planeta a partir do Sol. Assim, nos deparamos com o potencial do fim do mundo, ainda que não com o da Terra.

Barbara Shipka

Planeta Terra
Equinócio Vernal de 1996

Se você deseja a verdade, tem de escrever sobre si mesmo.
Eu sou a única verdade que conheço.

— J. RHYS

PARTE I

A FLORESTA

PRELÚDIO

DIREÇÕES NA FLORESTA

A não ser que mudemos a direção do nosso rumo, não poderemos chegar aonde estamos indo.

— PROVÉRBIO ANTIGO CHINÊS

O que Está Morrendo (ou se Transformando)?
O que Está Nascendo (ou Sendo Desperdiçado)?
Que Caminho Seguir?

O símbolo chinês *Tai-Chi* do *yin* e *yang* representa o eterno equilíbrio variável entre o complementar e a polaridade. Cada metade do símbolo se desenvolve de uma lasca para um bulbo, que se relacionam; e somente juntos é que eles podem criar um todo coerente. Cada metade ajuda a outra a manter a sua forma e integridade. No interior de cada metade existe um pequeno ponto, que representa a natureza primária do lado oposto. Esses pontos não só representam a idéia de que cada metade contém algo do oposto, mas, talvez, de forma ainda mais significante, representem a natureza dinâmica do relacionamento entre os dois elementos, em que cada metade possui o potencial de *se tornar* o seu oposto.

Esse símbolo simples e gracioso retrata muito sobre a vida. Ele mostra ambos — unidade e polaridade; a forma estática e o inevitável da mudança; a identidade separada e a interligação; além da presença, no interior de tudo, do seu oposto. É um símbolo que transcende toda dualidade, já que a unifica em si mesmo. Cada metade existe por si mesma, embora nenhuma possa viver sem a ou-

Símbolo do Tai-Chi

tra. Cada lado cresce e se transforma por sua própria conta, embora um não possa evoluir sem o outro.

"Parte I: A Floresta" tem aparentemente dois temas opostos. Juntos eles representam o *yin* e o *yang*. Um tema trata do que potencialmente está morrendo, e daí o nosso desespero e esgotamento; retrata os nossos dilemas globais, um sentimento de urgência para mudar nosso modo de agir e o possível falecimento da vida na Terra. O outro tema trata do que está nascendo e, conseqüentemente, de nossas esperanças e alegrias. Esse segundo tema é sobre as mudanças em nosso pensamento, sobre a criação de um mundo mais viável e do nosso potencial para evoluir em uma nova maneira de ser.

Duas histórias exemplificam esses temas. Cada uma representa um cenário da vida de nossos dias. Conquanto aparentem ser opostas, cada uma contém uma porção da outra. Juntas, elas criam um todo.

O QUE ESTÁ MORRENDO (OU SE TRANSFORMANDO)?

Certa noite, em 1987, tive um sonho:

Um belo homem de negócios, inteligente e bem-vestido, está ao volante, enquanto seguimos nosso caminho. Ele dirige lentamente, com extremo cuidado, para evitar a multidão de pessoas que se movem no sentido oposto. Elas parecem assustadas, apressam suas crianças e agarram-se aos seus pobres pertences. "O que está acontecendo?", pergunto. "É por causa do incêndio", diz ele. "Ah, sim", respondo, embora sem nenhuma idéia do que ele está falando. Não querendo parecer ignorante, não pergunto, "Que incêndio?"

Um alto muro de concreto, com pontas de caco de vidro encravadas em seu topo — uma forma de segurança comum em algumas partes do mundo —, circunda o único prédio alto que se vê ao longo de muitas milhas ao redor. Do lado de fora do perímetro da muralha, um grande número de pessoas vive nas ruas e em casas provisórias, feitas de restos que os outros descartaram.

O prédio é bonito! Ao passar pelo portão de entrada, uma sensação de amplidão, quietude e alívio me envolvem. Enquanto subimos para a cobertura do edifício, no sétimo andar, digo, "Estou chocada por toda essa agitação do lado de fora do portão". "Sim", responde o meu colega. "Sorte a nossa que não temos de nos preocupar com isso."

O sétimo andar é uma elegante sala de recepção, embora não muito moderna. Muitos já estão ali. A maioria são homens, na faixa dos 35 aos 38 anos, que aparentam ser executivos altamente bem-sucedidos, como o meu colega. São poucas as mulheres, e não há crianças nem pessoas idosas. O ambiente é alegre e jovial.

À medida que vou encontrando as pessoas, ao caminhar pela sala, olho através de uma janela do lado sul e vejo o fogo percorrendo todo o horizonte.

Não há árvores nem animais à frente, só a aridez da savana e pessoas que se movem. Um buraco se abre no meu estômago quando noto meus sentimentos de choque e terror.

Saio correndo dali e desço as escadas, pulando os degraus de dois em dois. Quero ajudar, oferecer minha energia, meu tempo, minha inteligência. Mas o que posso fazer? Corro ao acaso pelas ruas e fico sendo apenas mais um entre a multidão. Estou dissipando os meus recursos sem causar o menor impacto positivo.

Com o coração pesado, retrocedo. No caminho de volta, tento encontrar maneiras criativas de enfrentar o fogo. Uma, em especial, se sobressai: Dois garotos haviam montado um sistema de balanço sobre um esgoto. Assim, enquanto um se levanta para respirar, o outro fica mergulhado no poço.

Passando pelo portão, entro novamente no edifício. Ao subir as escadas, encontro uma mulher jovem, de cor escura, que está descendo. De olhos cabisbaixos, ela segura um bebê recém-nascido nos braços. Como é evidente que ela não mora ali, e estão ambos enxarcados, imagino que alguém lhes tenha dado permissão para usar o chuveiro e que essa possa ser a última vez em que se sentirão bem. Por um instante, considero a possibilidade de levá-los comigo para cima. Isso, no mínimo, era algo que eu poderia fazer.

Ao nos encontrar, ela olha, de modo acanhado, bem dentro dos meus olhos. Estou impressionada com a calma, a compaixão e a compreensão que presencio. Em seu rosto adolescente, testemunho uma sabedoria eterna de gerações passadas. Sem dizer uma só palavra, ela parece saber que não posso levá-los para cima; que seríamos todos barrados na entrada. Meus olhos se enchem de lágrimas ao receber o seu perdão, no mesmo instante em que ela sente o meu desespero e incapacidade.

Entrando novamente no sétimo andar, dou de cara com cervejas e aperitivos sendo oferecidos. As pessoas conversam, sorriem e dançam. Agora o fogo está chegando mais perto. A fumaça encontra o seu caminho pelas janelas. "Vejam!", eu grito. "Por favor, olhem! O fogo está se aproximando rapidamente. O que é que vamos fazer?" Meu colega sorri de forma consoladora, e diz: "Não se preocupe, está tudo bem. Estaremos todos seguros enquanto permanecermos aqui em cima." E então fecha a cortina para afastar aquela visão desagradável. "Pode vir a esquentar aqui e ficar difícil respirar. Mas estaremos vivos depois de tudo. Quando o incêndio tiver acabado, desceremos as escadas e começaremos a reconstruir." Mas penso comigo mesma, "Como fazer para deixar esta sala rapidamente?"

O que Está Nascendo (ou Sendo Desperdiçado)?

Você se lembra de onde estava e do que fazia quando os primeiros astronautas pisaram a Lua? Se era muito jovem para se lembrar disso, você tem uma relação ainda mais direta com as mudanças que estão ocorrendo do que nós, que assistimos ao evento ao vivo pela televisão. Já faz parte da sua realidade o "conhecimento" de toda a Terra. Temos um pôster da Terra pendurado em nossa casa. Quando meu filho Michael começou a falar e lhe perguntavam de onde ele era, dizia logo: "Terra"— e apontava para o pôster. E mais, com 5 anos de idade, ele apontava para o pôster e dizia: "Eu vivo aqui, nesta parte cinza." Ele nunca se preocupou em apontar o Zimbábue; já tinha uma formação mental da Terra como um todo. Era algo natural para ele.

Tenho uma TV a cabo por uma simples razão: a Nasa TV. Sempre que há um veículo espacial em órbita, deixo o aparelho ligado no canal 46 a maior parte do tempo. Assim, quando as câmeras de vídeo focalizam a Terra, posso testemunhar a magnitude e a incrível beleza do nosso planeta. Posso notar a leveza da atmosfera e o vazio do espaço adiante.

Em julho de 1995, assisti aos astronautas americanos, em conjunto com os cosmonautas soviéticos, acoplarem, a uma velocidade de 17.500 milhas por hora, uma imensa tonelada de máquinas — a estação espacial Mir, com o ônibus espacial Atlantis — a 215 milhas sobre a Terra. Tudo funcionou com uma precisão quase que total. O acontecimento foi, de fato, um atestado para a criatividade e a ingenuidade humanas.

Rusty Schweickart, que tomou parte na missão Apolo-9, nos fala do que é observar a Terra de uma órbita ao redor da Lua. A Terra, diz ele,

> ... é tão pequena e tão frágil, um pontinho tão precioso naquele universo, que você pode até tapá-la com o polegar; então você se dá conta de que aquela coisinha pequenina, azul e branca é tudo o que representa algo para você — toda a história, toda música, toda poesia e toda arte, toda morte e todo nascimento, todo amor, lágrimas e contentamento, todos os jogos, tudo isso naquele pequeno ponto que você pode cobrir com o seu polegar. E então você compreende, dessa perspectiva, que você mudou, que há algo novo ali, de que a relação já não é mais o que era. (F. White, p. 38.)

Experimentamos essa mudança do nosso relacionamento com a Terra, mesmo sem irmos fisicamente à Lua. Olhe o Michael, por exemplo, veja o pôster. A foto da Terra vista do espaço passou a ser algo comum em nossa vida. Aparece em camisetas e cartões-postais, em anúncios de propaganda e logomarcas. Todavia, ainda mexe com algo de profundo dentro de nós. Como Peter Russell escreveu em *O cérebro global*, "... a despeito de toda essa exposição, a imagem ainda faz vibrar um acorde muito profundo, e nada de sua grandeza tem sido desperdiçado".

Que Caminho Seguir?

Transformações globais, de organizações e de pessoas, são, de uma forma rica e forte, espelhadas no sonho do sétimo andar. Os desafios com que lidamos são grandes e numerosos. O mais significativo, no entanto, reiterado de diversos modos ao longo deste livro, é identificar como pensamos (ou não pensamos) a respeito do que está nos prejudicando. Por exemplo, uma hipótese cultural que por séculos tem alimentado o nosso pensamento ocidental é a de que estamos separados do restante da vida, e que esse restante existe para nos servir. Em outras palavras, o restante da Terra é para o nosso uso e controle sempre que "precisarmos". Acreditamos ser possível compreender a vida simplesmente decompondo-a em seus componentes. (Lembra-se da dissecação das rãs nas aulas de biologia?) Também temos sido levados a crer que somos mais "coisas" materiais e estáticas do que processos evolutivos cheios de desdobramentos. Na verdade, você já não é mais aquela pessoa que era; em sete anos, cada célula do seu corpo é renovada. Digo "temos sido levado a crer", porque estamos descobrindo que o mundo pode ser diferente do que cremos e pensamos usualmente.

Estamos descobrindo que o mundo pode ser diferente do que cremos e pensamos usualmente.

O que você acredita afeta as suas decisões de negócios. Essas decisões contribuem para construir ou para destruir o nosso futuro. No sonho que tive, você acredita que o fogo é um elemento de destruição ou um fogo transformador — um elemento de morte ou um fogo do qual resulta uma nova vida? A força destrutiva do fogo pode ser desafiada ou redirecionada em elementos de serviço — em calor, energia, proteção, beleza mesmerizadora, por exemplo?

Como alguém que se encontra no sétimo andar, o que você acha sobre a sua capacidade de sobreviver aos efeitos do fogo ficando onde está e fechando as cortinas? O que você pensa — sobre si mesmo, sobre a mudança global e sobre os negócios fazerem parte dessa mudança ou de alguma forma estar excluída do todo maior — determinará agora o seu futuro.

Será que o fato de desafiarmos as nossas crenças e suposições elaboradas durante séculos trará o risco de sermos excluídos do sétimo andar? Sim, o sonho sugere que liderança significa esperar mais do que está no sétimo andar; se você quer um mundo onde possa fazer negócios e prosperar, terá de liderar de um modo que resolva os desafios globais.

Você, como líder empresarial no mundo industrializado, tem muitos recursos, poder e energia para resistir ou proteger o que quer morrer e o que tem a esperança de nascer. Você tem de desempenhar de fato um papel de importância crucial. Para fazer boas escolhas, você tem de se integrar o máximo possível na plenitude e totalidade do seu potencial criativo e do seu poder pessoal.

À medida que mudamos o pensamento, mudamos todo o conjunto de sistemas elaborados pelo homem.

Ao pensar sobre direções potenciais e possíveis resultados futuros, observo algumas hipóteses básicas a que servem as minhas palavras:

- *Somos vida e parte da ordem natural do universo.* Somos do mesmo material que as estrelas e os lírios. Crescemos e nos transformamos, individual e coletivamente. Evoluímos. Sentimos a beleza e a graça, a saúde e a felicidade, ao entrar em harmonia com os padrões do universo. Sofremos da ilusão de que podemos controlar os padrões naturais.
- *Temos a capacidade de perceber o que pensamos.* Temos também a capacidade de fazer escolhas conscientes sobre o que fazemos com o pensamento. Nossas instituições e organizações são o resultado do que pensamos, e permanecem com a continuidade do pensamento. Organizações e instituições são acordos que fazemos e mantemos. Quando mudamos nosso pensamento e, assim, nossos acordos, nossas instituições também mudam. Assim, à medida que mudamos o pensamento, mudamos todo o conjunto de sistemas elaborados pelo homem.
- *Temos a possibilidade de nos engajar diretamente na nossa própria evolução.* Fazemos isso por meio de nossa consciência e criatividade. Para tanto, necessitamos de atenção e disciplina deliberadas.

A FLORESTA I

A NECESSIDADE DOS DESAFIOS

A vida é um paradoxo e uma contradição. Esteja sua tendência apontando de forma negativa e desesperada na direção de nossos dilemas globais, ou, se em vez disso, na direção da esperança e da conscientização, isso, de fato, não importa. Ambas são verdadeiras e ajudam a enxergar o nosso trabalho. Elas se comunicam.

Os três primeiros capítulos definem a floresta — o contexto para a mudança — ao focalizar os nossos dilemas, a urgência de nossas necessidades e a possível extinção da vida. Em ordem, esses três capítulos exploram brevemente a natureza e o alcance dos seguintes tópicos:

Nossa Emergência Global
Questões Relativas aos Negócios
Desafios da Liderança Individual

CAPÍTULO 1

EMERGÊNCIA GLOBAL

Todo aquele que reconhece o que se passa no mundo e não se sente inseguro, simplesmente não está acordado.

PRESIDENTE DA *FORTUNE* 500
EM UMA CONFERÊNCIA DE PRESIDENTES DA *FORTUNE MAGAZINE*

Sistemas que não Servem à Vida
Crises de Interligação
Desequilíbrio Econômico e Social

Exercer maior pressão sobre o que não gostamos tende a gerar mais o que não desejamos — vide a "guerra à pobreza", a "guerra às drogas", ou a "guerra contra o crime". Continuamos perdendo essas "guerras" e, assim, contamos com mais desabrigados; com organizações de narcóticos que desenvolvem novas e mais perigosas drogas, assim como novos meios de propagá-las; e prisões superlotadas. Em seu livro *The Soul of Economics,* Breton e Largent (1991) escrevem que as duas maiores "indústrias" do mundo de hoje são as de drogas e armas ilegais.

As questões globais e os dilemas com que deparamos são de magnitude desconhecida. A simples "compreensão" de sua extensão e profundidade é um grande desafio. Se usarmos a História como nosso guia, podemos olhar para trás, para as épocas de grandes mudanças, e ver que houve, concomitantemente, um enorme sofrimento humano.

Sistemas que não Servem à Vida

O romance *Ishmael,* de Daniel Quinn, é a história do relacionamento entre um professor e um estudante. O professor descreve o quanto a civilização humana, a quem ele chama de "os usurpadores", vive em desafio à lei natural. Para ilustrar nossa desarmonia com os processos naturais da vida, ele pede ao aluno que imagine alguém que se joga do alto de um penhasco, pedalando uma espécie de "máquina voadora". A pessoa sai pedalando e bate as asas, sentindo o vento em seus cabelos. Tudo vai bem no início. Ela se sente eufórica com a liberdade de "voar". Mas ela não está de fato voando — na verdade, está em queda livre. Quando finalmente se dá conta do solo vindo rapidamente ao seu encontro, seu pensamento é o seguinte: "Bem, até aqui sem problemas. Estive voando muito bem. Vou pedalar mais rápido e bater as asas com mais força."

O professor faz a associação com o "vôo" da civilização, que parte das leis que governam o resto da comunidade biológica. Com a nossa liberdade de voar, surgiram as maravilhas fascinantes da urbanização, da ciência, da tecnologia e da alfabetização. Algumas pessoas em vôo olham para baixo e o que vêem então as assusta; para elas, o solo parece estar precipitando-se para cima. Outras, simplesmente dão de ombros e dizem, "Já percorremos todo esse enorme caminho sem sofrer sequer um arranhão. É verdade que o chão parece vir ao nosso encontro, mas, isso quer dizer apenas que teremos de pedalar um pouco mais". Mas, muito estranhamente, quanto mais forte e eficientemente pedalam, piores ficam as condições.

Temos de levar em conta, seriamente, que o que fazemos ou deixamos de fazer importa imensamente.

Eu e você somos aqueles que pedalamos, à medida que caímos livre e perigosamente, em direção ao solo. Esse trabalho foi talhado para nós. Muitos são os que podem nos dizer, "Isso funcionou até hoje", ou então, "Até agora, tudo bem", "Se não está quebrado, não tente consertar", ou "Alguém irá dar um jeito nisso". Não devemos acreditar nessas vozes; mais importante ainda, temos de desafiá-las. Temos de levar em conta, seriamente, que o que fazemos ou deixamos de fazer importa imensamente. É preciso que nos preparemos, e às nossas organizações, para liderar em um mundo verdadeiramente desafiador em meio a sistemas desequilibrados, e com a vida em queda livre.

Quando lidamos com sistemas em transformação, precisamos procurar pelos pontos de mais alto potencial, em que uma "pequena" mudança, se bem-feita, afeta todo o sistema. Uma mudança "bem-feita" é a chave, pois a mudança tem um maior potencial para produzir danos do que para produzir o bem.

Pense nos últimos quarenta anos de desenvolvimento econômico internacional, por exemplo. Com a perspectiva do tempo, muitas das nossas ações aparecem como que deficientes. Uma questão difícil é cada vez mais levantada: "A quem, de fato, o 'desenvolvimento econômico' tem servido?" Em muitos casos, os governos são incapazes de pagar as suas dívidas. As pessoas desejam o que está fora do seu alcance. Assim, o esteio da cultura local é com muito pesar arrendado, as famílias são divididas pela promessa do brilho de luz das cidades, e as fazendas de subsistência reviradas pelo dinheiro vivo das colheitas.

Uma vez por semana, cobríamos um trecho de 50 milhas de extensão, da capital Mogadiscio até um campo de refugiados ao sul da Somália. A estrada, que não passava de uma trilha imunda, foi depois pavimentada no interesse do desenvolvimento. Em nossa primeira excursão ao sul, observamos diversos motoristas, obviamente familiarizados com o percurso, abandonarem periodicamente a estrada pavimentada e mergulharem nas valetas ao redor, por milhas e milhas de distância. Hussein, que estava ao volante, permaneceu algum tempo na estrada oficial, mas logo descobriu ser impraticável continuar, por causa dos buracos, que eram muito grandes para que ele pudesse se desviar deles ou muito profundos para que ele os atravessasse. Além do mais, os outros carros que seguiam pela trilha ao lado pareciam ir muito mais rápidos do que o nosso. Assim, juntamo-nos a eles. Por causa do solo arenoso na base da estrada e da falta de recursos para a manutenção, o que era para melhorar acabou transformando-se em obstáculo. E os motoristas acabaram construindo, eles mesmos uma "nova" estrada: uma trilha tão suja quanto a primitiva, sem contar que no sentido norte e no sentido sul, ficava 25 pés mais longe da estrada original.

Atrás da minha casa, em Mogadiscio, havia uma caixa d'água. Todos os dias, os garotos faziam filas, com suas carroças puxadas a burro, para encher seus latões de água. Eles abasteciam, desse modo, uma parte inteira da cidade ao meu redor. Certa noite, acordei com um enorme estrondo. A torre sobre a qual estava a caixa d'água havia desabado; fôra construída sobre areia. Por muitos dias eles não tiveram acesso à água. Toda aquela parte da cidade ficou sem água. Finalmente, o poço passou a ser usado novamente, com uma caçamba jogada por cordas. A torre d'água jamais foi reconstruída, mas o negócio dos garotos floresceu novamente.

Crises de Interligação

Em seu livro, *Getting to the 21st Century: Voluntary Action and the Global Agenda*, David Korten escreve sobre três aspectos interligados do que ele chama de "a crise com que nos defrontamos": pobreza desumana, degradação do meio ambiente e violência comunitária. Korten diz que, quando temos uma das três, as outras duas a acompanham. Assim, a violência comunitária gera pobreza e degradação ambiental; uma pobreza desumana resulta na degradação do meio ambiente e em violência; e uma degradação ambiental leva à pobreza e à violência. Ele diz que esses três fatores "figuram como uma ameaça à civilização humana", e que "A não ser que uma ação corretiva esteja disponível, o Norte poderá descobrir que a experiência do Sul atual é uma janela para dentro do seu próprio futuro, e não o reverso. (p.1)

Portanto, temos de redefinir o que significa viver de um modo *viável*. Só para citar um exemplo: durante a década de 90, nossa população aumentou em cerca de 250 mil pessoas a cada dia. Assim, contaremos com cerca de 1 bilhão de novas pessoas no planeta entre 1990 e o ano 2000, com 900 milhões delas vivendo em áreas do mundo economicamente menos desenvolvidas. Por volta de 2006, outro bilhão irá se somar a esses. Afora as implicações diretas dessa evidência, tais como a superlotação e o aumento da pobreza, muitas outras surgem, como mais combustíveis fósseis sendo lançados na atmosfera a somente 12 milhas de altura enquanto as economias de nações inteiras dependem deles; e 2 bilhões de pessoas a mais, com idades de 16 anos para baixo sendo encaminhadas ao "mercado de trabalho". De onde virá o combustível? Para onde irá a poluição resultante? De onde virão esses 2 bilhões de empregos? O sistema inteiro está interligado. Desconsiderar o aquecimento global e imaginar a criação de novos e suficientes empregos são idéias de um pensamento convencional que é insuficiente para tratar até mesmo os sintomas, sem falar nas causas, dos dilemas globais de nosso mundo interdependente. Como disse Rita Mae Brown: "A insanidade está sempre fazendo as mesmas coisas e esperando por resultados diferentes."

DESEQUILÍBRIO ECONÔMICO E SOCIAL

Em seu artigo no *Atlantic Monthly*, de fevereiro de 94, "The Coming Anarchy", Robert D. Kaplan descreve, segundo o subtítulo do artigo, como a "escassez, o crime, a superpopulação, os grupos tribais e as doenças estão destruindo rapidamente o tecido social do nosso planeta". Ele pinta um quadro completo e revelador, tanto do presente quanto do futuro próximo, por assim dizer, ao ilustrar as tendências que ele identifica como modeladoras das desordens à frente. Por exemplo, ele escreve a respeito do ocidente da África, que está se "tornando *o* símbolo mundial das tensões demográficas, ambientais e sociais, em que a anarquia do crime surge como sendo o verdadeiro perigo 'estratégico'". Doenças, superpopulação, crimes absurdos, escassez de recursos, migrações de refugiados, problemas de demarcação de fronteiras e o fortalecimento dos exércitos particulares, das firmas de segurança e dos cartéis internacionais de drogas estão agora, de forma reveladora, sendo demonstrados pelo prisma ocidental africano.

De forma global, estamos passando por uma desintegração da sociedade e das infra-estruturas. O relacionamento entre os governos e o comércio é o exemplo básico de um mundo em desequilíbrio. Governo e comércio, tais como os conhecemos no mundo ocidental, foram criados de modo a se equilibrarem. À medida que vemos nosso sistema econômico tornar-se global, mantendo na melhor das hipóteses um sistema de governo do tipo nação-estado, esse equilíbrio é quase que rompido para sempre. De fato, como as nações-estado estão se partindo em unidades étnicas em diversas partes do mundo, as escalas passam a ser ainda mais desiguais. Qual será então o novo equilíbrio?

Sistemas que não servem à vida, mas que, em vez disso, produzem crises de interligação oriundas de desequilíbrios, são exemplos de aonde nosso pensamento usual está nos levando — e mostrando, de modo bem claro, a escala dos desafios à nossa frente. Acreditamos que estamos separados da natureza, que podemos ser bem-sucedidos a longo prazo, tratando simplesmente dos sintomas, e que podemos agir efetivamente sem compreender as implicações interdependentes das nossas ações. Mas, para criarmos um mundo viável, todas essas suposições acerca de sistemas e do que constitui um "todo" precisam mudar rapidamente — e para um grande número de pessoas.

Capítulo 2

Dilemas e Questões Sobre Negócios

Nesta última metade do século, os negócios tornaram-se a mais poderosa instituição do planeta. A instituição dominante em qualquer sociedade precisa assumir a responsabilidade pelo todo...

— Willis Harman

Sobrevivência
Sistemas Globais e Pessoas como Indivíduos
Suposições Acerca dos Negócios e do que Eles Podem Realizar

Os que no sonho se encontravam no sétimo andar representam somente um segmento ínfimo da população global do mundo verdadeiro. Eles são os líderes empresariais do mundo industrializado. Os sonhos são reveladores porque se não mostram necessariamente a verdade, revelam a profundidade da crença. Minha experiência do dia-a-dia com os líderes de negócios, em especial quando pessoalmente, mostra-me que eles se preocupam com o resto do mundo. Sentem-se profundamente tocados pela comunidade onde vivem e trabalham, pelo comportamento ético e pelas questões políticas, assim como pelo futuro de seus filhos.

No entanto, embora não sejam cúmplices, muitos fecham as janelas e cerram as cortinas ante a visão das chamas e o cheiro da fumaça do mundo exterior. Muitos crêem que seja *exigido* deles que delineiem o fogo e as pessoas que sejam atingidas para continuarem sendo bem-sucedidos. Outros pensam que tudo o que têm a fazer é agir de acordo com o que é exigido política e socialmente.

Sobrevivência

A sobrevivência depende da nossa capacidade de mudar dignamente o nosso pensamento em harmonia com o processo de transformação do mundo. Visto por um determinado ângulo, o fogo, no sonho, pode representar o processo de transformação ao longo de todo horizonte.

Transformação é uma forma única e específica de mudança. Um lago congela-se no inverno. A água é transformada em gelo, mas de forma temporária. Em certas condições, o gelo virtualmente pode voltar a ser a mesma água. Com o fogo é diferente. A madeira transforma-se em calor, cinzas e fumaça. O calor, as cinzas e a fumaça, no entanto, jamais voltarão a ser a mesma árvore. As moléculas transformadas da madeira contribuem para a alimentação de novas árvores, mas jamais voltarão a ser aquela árvore original.

Transformação é mudança radical. Em tempos assim, movemo-nos para algo inteiramente novo, para um território indefinido. O resultado é indefinido e, com freqüência, imprevisível. Significa estar "fora de controle", em termos convencionais.

Num mundo em transformação — em chamas — os maiores desafios são os enfrentados nos negócios, e pelos que os dirigem. Você tem de guiar o seu negócio em meio a essa transformação. Tem de guiar a sua organização, mesmo que você e os outros sintam medo. E tem de superar o seu medo, pois ele torna você e a sua organização mais rígidos e frágeis. Ele diminui a sua agilidade e a capacidade de ser criativo, generoso e aberto.

Os negócios globais são os controladores primários dos recursos, e compreendem um palco onde uma imensa criatividade pode ser liberada.

É uma coisa difícil fazer com que os negócios sobrevivam e sejam bem-sucedidos. Embora nem sempre possamos gostar do que produzem ou representam, os negócios globais formam a infra-estrutura que está trabalhando no mundo de hoje. Eles são os controladores primários dos recursos, e compreendem um palco onde uma imensa criatividade pode ser liberada.

Sistemas Globais e Pessoas como Indivíduos

Ao mesmo tempo que temos de trabalhar para manter nossos negócios vivos, temos de transformá-los de "máquinas que mastigam e cospem as pessoas" — como um cliente certa vez me disse —, em instrumentos humanos de serviço, com a iniciativa e a capacidade de atender às necessidades que se estendem do mais global ao mais pessoal. Necessitamos de negócios capazes de responder a um nível global, porque, para muitos no Ocidente, o ambiente de trabalho é um dos mais importantes locais em suas vidas. É por meio do trabalho que muitos de nós buscamos ser úteis, de maneiras concretas e significativas.

Em nível global, confrontamo-nos com todos os desafios observados no capítulo anterior, além de muitos outros. Existe uma pressão para se competir no cenário global; para se forjar parcerias e alianças com outros negócios, enquanto se mantém num único nicho de mercado; de ter uma estrutura cada vez mais enxuta, e de se mover cada vez de modo mais rápido.

Em um nível pessoal ou individual, a relação entre empresas e empregados está mudando de forma dramática. Historicamente baseada numa troca recíproca, essa relação funciona somente enquanto empregados *e* organizações, sentem que estão recebendo de acordo com o que estão dando. A natureza básica do contrato permanece, mas os termos de reciprocidade — e o valor que damos ao contrato em si mesmo — estão mudando. A maioria dos empregados, por exemplo, entende que a lealdade e a garantia do emprego até a aposentadoria são coisas de outras épocas. Por sua vez, as empresas compreendem que não podem ficar à espera de que seus funcionários "cresçam" ou se "acomodem". Em conseqüência, os empregados podem esperar por mais responsabilidade — e, em contrapartida, expressarem-se com maior criatividade durante o seu trabalho. Já as empresas esperam distribuir maior poder e liderança e, em troca, esperar que seus empregados ajudem a tornar seus negócios mais eficientes e produtivos.

A rota para alcançar tão drástica mudança pode ser penosa. Ela frustra longas expectativas e muitos podem ficar pelo meio do caminho. Num recente programa de desenvolvimento de liderança, alguns de nós falávamos acerca de "liderança compartilhada". Um supervisor de manufaturados de primeira linha disse: "Estou aqui porque o meu chefe disse que eu tinha de vir. O que eu quero saber é: quando será a minha vez de ficar no comando? Quando comecei a trabalhar nesta empresa, há 25 anos, se eu me queixasse, eles me respondiam: "Olhe, se você não gosta da maneira como as coisas são feitas, a porta da rua é ali." Agora me dizem que eu devo ouvir e atender melhor as pessoas que são subordinadas a mim. Se eu não aprender a ser um supervisor mais participante, me dizem: "Olhe! Você não está gostando das coisas como elas são? A porta da rua é ali." Eu continuo querendo saber: "Quando poderei dizer o mesmo para alguém?"

Embora possam não chegar a ficar no "comando", de fato, as pessoas estão sendo chamadas a assumir maiores responsabilidades, a aprender a pensar de forma tática e estratégica, a resolver problemas e tomar decisões por conta própria ou em grupo, a realizar tarefas inteiras, que antes costumavam ser feitas por duas ou três pessoas, e a descobrir como incrementar processos e eficiência, suficientes para realizar suas "gigantescas tarefas", sem exaurir completamente as suas energias. Cada vez mais, tarefas e responsabilidades estão penetrando num domínio tradicionalmente reservado aos gerentes.

Em troca de suas expectativas ampliadas, os empregados, individualmente ou em grupo, também têm um sentimento de mudança das condições para uma troca justa. Muitos querem benefícios que incluam, mas não muito além disso, o tradicional salário, seguro de saúde e férias. Eles querem, e em muitos casos também esperam, por significado, crescimento, aprendizagem e apoio. Esperam por respeito, por uma oportunidade de se expressarem de forma criativa e pela chance de aproveitar melhor seu potencial.

Assim como nas imagens tridimensionais de computador, que subitamente parecem pular de uma dimensão para outra, dependendo da maneira como olhamos, uma mudança de foco da nossa percepção nos negócios também é possível. Essa mudança de percepção altera tudo. Um exemplo pode ser aplicado para empresários e líderes, ao se darem conta de servir, tanto a pessoas, quanto ao sistema global maior, em vez de se considerarem vítimas ou controladores de ambos. Assim, o negócio é posicionado para ser um condutor, um meio e um catalisador entre as pessoas com sua imaginação, por um lado, e o mundo, com as suas necessidades, do outro. Os negócios têm amplas oportunidades de servir como ligação básica entre a criatividade humana e o potencial para mudanças e transformações de sistemas inteiros.

Suposições Acerca dos Negócios e do que Eles Podem Realizar

Visualizar o mundo dessa forma nos leva a determinadas áreas que nos convidam a uma profunda investigação: O que é preciso para que os negócios sejam bem-sucedidos? A quem servem? Com que finalidade? Uma crença generalizada é a de que a lucratividade é medida monetariamente e que "fazer o bem" é um problema que concerne basicamente aos departamentos relacionados com as comunidades. Em outras palavras, a crença é a de que a lucratividade e o bem comum são objetivos que se excluem mutuamente.

Um pequeno exemplo do pensamento em voga são os pontos de vista relacionados com a consulta a "especialistas". Recentemente, ouvi uma colega descrever sua dificuldade para encontrar um recurso de que necessitava. Normalmente, eu sou uma pessoa mais propensa a ver o que falta do que o que há em mim; mas, dessa vez, me vi como tendo todos os atributos de que ela necessitava. Quando eu lhe disse isso, alguns atributos inexprimíveis vieram à tona: "Você sabe como são essas coisas", ela disse; "Não se pode ser um especialista em seu próprio quintal. Você tem de estar a mais de 50 milhas, e ter um *nome*." Em termos de nossos padrões atuais, essa pessoa está raciocinando com lógica. Está considerando com exatidão, o que é visto como o correto para os gerentes da empresa onde trabalha. No entanto, esse pensamento, de maneira inconsciente, faz perpetuar padrões antigos, ao menos, por dois motivos: é uma coisa cara e desnecessária ficar voando para todos os lugares; e, em segundo lugar, cria condições penosas para a união das famílias. Tenho diversos colegas consultores que vivem na região da Baía de San Francisco. Muitos precisam voar para trabalhar.

Temos de encontrar maneiras de juntar o lucro e o interesse de cada um com a responsabilidade e a compaixão, pelo bem-estar de todo o nosso sistema. O papel que os negócios podem desempenhar no mundo de hoje é enorme. Você, que ocupa uma posição de liderança, pode determinar, pelas escolhas que faz, e pelas decisões que toma diariamente, se você mesmo e os seus negócios estão servindo à vida e à evolução.

CAPÍTULO 3

CRISE E OPORTUNIDADE PARA LÍDERES

Sou apenas um; mas ainda sou um.
Não posso fazer tudo, mas ainda posso fazer algo.
Não recusarei fazer o que posso.

— HELEN KELLER

Rompendo Nosso Transe Cultural
Como Encontrar as Raízes da Nossa Criatividade
O Questionamento das Crenças Pessoais
Viver Plenamente a Vida

Quando você pensa a respeito do nosso crescimento populacional, na decadência das infra-estruturas, no desaparecimento das florestas e da vida selvagem, no aumento da violência e no fracasso das instituições sociais, como é que você se sente? Fica sempre assustado? Sente-se sempre impotente, sem controle, arrasado? Percebe que a respiração quase dá uma parada? Essas são perguntas comuns sobre sentimento, em vista do que está ocorrendo no mundo de hoje.

ROMPENDO NOSSO TRANSE CULTURAL

Há momentos em que queremos que alguém nos cante uma canção de ninar, alguém que nos assegure de que nem tudo está ruim. Mas até mesmo as canções de ninar nem sempre têm fins pacíficos: em *Rock-a-bye Baby*, tanto o bebê quanto o seu berço começam a rolar quando o galho se quebra. Vivemos numa floresta assim, onde tanto a humanidade, quanto o seu berço, estão esmagando o galho da árvore que nos segura.

Uma atitude que mantemos pode ser resumida pela frase: "Somos tão bem-sucedidos, e contra o sucesso não há argumento." Mas o comportamento humano está em uma trajetória que o vai levando à sua própria destruição. Podemos, de fato, esperar que "alguém" resolva os dilemas com os quais nos confrontamos hoje em dia? De forma ainda mais específica, podemos, eu e você, que cuidamos da liderança nos negócios — a infra-estrutura mais poderosa dos dias de hoje — realmente achar que "alguém" mais, senão nós mesmos, determina o nosso presente e o nosso futuro? Quem mais poderia ser?

Em algum nível você sabe que o que estou dizendo é verdade. Se não sabe (ou pensa que não sabe), pergunte às crianças à sua volta, e ouça-as. Várias delas vêem a recusa dos adultos muito claramente. Algumas, relutantes ou incapazes de falar sobre isso, *representam* o que elas desejariam *fazer*; outras se desesperam com o futuro deixado para elas. Nossos filhos temem a profundidade do que elas *sabem* ser verdadeiro, sem necessitarem de provas, pois ainda não aprenderam a respeito do mito de que os seres humanos não precisam trabalhar em conformidade com as leis naturais.

Como Encontrar as Raízes da Nossa Criatividade

As pessoas, nas grandes corporações, são chamadas de "recursos humanos" — um termo desumano, que nos considera como mercadorias, da mesma forma que a eletricidade, as árvores ou o dinheiro, usados para benefício da empresa. De fato, as mercadorias podem ser esgotadas. Não somos "recursos humanos" ou "força de trabalho". Somos seres humanos com habilidades de liderança, seja trabalhando como presidente ou como um montador numa fábrica, os quais estão em relação um com outro. Temos de recompor as nossas experiências e o nosso valor nas organizações e compreender melhor que não somos mercadorias, mas comunidades.

> *Temos de recompor as nossas experiências e o nosso valor nas organizações e compreender melhor que não somos mercadorias, mas comunidades.*

Individualmente, cada um tem *acesso* a uma capacidade ilimitada dentro de si mesmo. Como comunidade humana, trazemos juntos miríades de recursos que representam uma gama ilimitada de possibilidades. Porém, dada a rigidez de nossas organizações, a maioria não vê que *deveria* empregar tudo o que sabe, ou de que é capaz, no ambiente de trabalho. Atualmente, existem

CRISE E OPORTUNIDADE PARA LÍDERES 49

regras e tabus acerca do que podemos fazer de legítimo nos locais de trabalho. O que acontece, é que a maioria de nós tem a impressão de que deveria reprimir, antes de passar pela porta da entrada, aquela parte que é mais profunda em nós, ou seja, nossa vida interior, o desenvolvimento da nossa alma. Essa suposição nos impede de levar algo das partes mais fortes e criativas de nós mesmos para o trabalho.

Além do mais, se escondemos as partes mais profundas de nós mesmos *que nos são conhecidas,* o que dizer então sobre aquelas que ainda não descobrimos em nossa consciência — recursos que estão à nossa espera para serem acessados? Não temos idéia de como podemos ser brilhantes e criativos. Até onde alcança o nosso conhecimento, a criatividade e o talento são ilimitados.

O QUESTIONAMENTO DAS CRENÇAS PESSOAIS

Questionar as suas crenças pessoais é fundamentalmente básico para tudo o mais. Você tem de se perguntar e identificar *aquilo* em que você acredita — sobre o que é apropriado levar para o seu local de trabalho, sobre o que acrescenta valores (até mesmo perguntar a si mesmo o que representa um "valor"), e também *por que* você acredita no que faz. Portanto, é preciso ter a coragem de ser a transformação do que você quer ver, além de encorajar e respeitar a transformação que presencia nos outros.

Ao questionar o meu pensamento, eu vi por que começar a escrever este livro foi um enorme desafio para mim. No que consistia a minha resistência? Três inibições então surgiram.

Primeira: Como posso ser tão audaciosa? Como posso escrever sobre caminhar por uma trilha em direção a uma capacidade mais profunda de liderar? Estou humilhada. Tenho a oportunidade e a responsabilidade de testemunhar as minhas crenças e a minha recusa e de anotar cuidadosamente o ponto em que me encontro no meu desenvolvimento, uma vez que escrevo e, ao mesmo tempo, tenho de praticar o que proponho *nos tornarmos.* Uma tarefa de crescimento para mim é sentir humildade sem permitir que ela me silencie. Também tenho de aprender a perdoar qualquer parte da minha "humildade" que possa se transformar em baixa auto-estima, seja na forma de arrogância ou de não querer me mostrar. Diferentemente de Gandhi, na história seguinte, eu ainda estou comendo o "açúcar" de quase tudo o que escrevo.

Certo dia, uma mulher levou o filho para visitar Gandhi. Ela lhe disse: "Meu filho o admira e irá seguir qualquer coisa que o senhor lhe disser. Poderia, por gentileza, aconselhá-lo a parar de comer açúcar? Está fazendo mal à saúde dele." Gandhi pediu então à mulher para voltar dali a um mês. Perplexa, a mãe partiu com o seu filho. Um mês depois eles voltaram e Gandhi aconselhou o menino a deixar o açúcar. Então a mãe perguntou: "Por que o senhor nos pediu para aguardar um mês? Por que não disse essas simples palavras há um mês?" E Gandhi respondeu: "Porque naquela época eu ainda estava comendo açúcar. Como poderia sinceramente recomendá-lo a parar se eu mesmo ainda não havia parado?"

Em segundo lugar, eu temia que a palavra escrita pudesse aprisionar minha alma no tempo e no espaço. Em muitas culturas, as pessoas não se deixam fotografar, pois têm medo de que as imagens possam levar as suas almas. Às vezes, no processo de escrever, sinto algo dessa ameaça. Sem dúvida, depois do lançamanto do livro, vou transformar a minha mente, ampliar o meu campo de visão ou aprofundar os meus pensamentos. Mas o que de fato importa é a essência que está por trás do que estou escrevendo. Essa essência irá atrair corações e mentes semelhantes e, no final das contas, minha experiência se tornará liberadora, um elo de ligação, em vez de se confinar em si mesma.

Uma terceira crença relaciona-se com o investimento necessário para se escrever um livro. Isso implica horas e horas de solidão, páginas e mais páginas reescritas. E qual será o retorno? A prática da consultoria durante muito tempo me serviu muito bem. É difícil mudar de foco por algum tempo. Essa mudança de foco é uma escolha pessoal; mas é também algo muito maior. Alguma vez você já se sentiu compelido a uma direção contrária à evidência "racional"? Assim é para mim. Por trás de todas as minhas crenças inibidoras está o meu medo de não ser "racional".

Minha imagem é a de uma enorme locomotiva a vapor movendo-se estrondosamente com força e poder. Eu seguro uma corda atada à parte traseira da máquina. Fincando meus calcanhares na terra, tento parar o seu movimento. A locomotiva ganha impulso e velocidade a cada segundo que passa. Sim, eu tenho escolha. Posso resistir e ficar com os calcanhares sangrando — para depois cair com a cara no chão. Posso também soltar a corda e ser deixada sem a força da locomotiva. Ou posso seguir, apreciar o passeio e ver a locomotiva como um recurso.

No momento, escrever é a locomotiva. Tentar segurá-la por trás vem do medo de não conseguir dinheiro suficiente para manter a mim e ao meu filho durante esse passeio. E eu me pergunto: Será que sou capaz de dizer algo de valor, algo de que as pessoas estão famintas? Talvez a mais temível de todas seja ainda uma outra consideração: E se os resultados forem realmente ótimos? E se a locomotiva resolver deixar os trilhos e sair voando? E se eu for na verdade uma pessoa humilde? Então, o que eu vou fazer?

Como Marianne Williamson escreveu em *A Return To Love*:

Nosso medo mais profundo não é o de sermos incapazes. É o de que somos poderosos além de um limite. É a nossa luz, e não a nossa sombra, o que mais nos apavora. Perguntamo-nos, "Quem sou eu para ser brilhante, talentoso e fabu-

CRISE E OPORTUNIDADE PARA LÍDERES

loso?" Na realidade, quem é você para não ser? Você é um filho de Deus. Sua pequena brincadeira não serve ao mundo. Não há nada de iluminado em se recuar para que os outros não se sintam inseguros ao seu redor... Fomos criados para manifestar a glória de Deus que está em nós; não apenas em uns poucos, mas em cada um de nós. Ao deixar que a nossa própria luz brilhe, inconscientemente permitimos que os outros façam o mesmo. Ao nos livrar do nosso medo, nossa presença automaticamente liberta os outros.(p.165)

VIVER PLENAMENTE A VIDA

Você e a sua organização estão sendo chamados para atender aos sistemas globais e restabelecer o seu equilíbrio. Você tem de manter o seu negócio bem-sucedido nestes tumultuados tempos de transformação, enquanto o transformamos numa ponte entre a necessidade global e a potencialidade individual. Você tem de redefinir e planejar novamente os caminhos por meio dos quais as contribuições individuais são feitas e encontrar maneiras de fazer jorrar a criatividade que existe em cada um ao seu redor. Tudo isso enquanto constrói uma comunidade baseada no serviço.

Como se isso não bastasse, você tem de viver a sua vida normal, fazer o seu trabalho, amar e cuidar da sua família e de outros a quem ama, pagar suas contas, divertir-se, manter a saúde e o equilíbrio... Sua tarefa é de fato atemorizante! É preciso encontrar as particularidades do equilíbrio ao longo dessa trilha, aquelas que seguram o fio de um penhasco. "Parte II: Uma Trilha", que oferece um caminho entre muitos outros, consiste de oito poderes para conseguir mais equilíbrio e ajudá-lo na travessia destes tempos difíceis e complexos. Sua finalidade é servir como um apoio à sua caminhada.

A FLORESTA II

IMAGINANDO POSSIBILIDADES

Agora, com os desafios honestamente colocados à nossa frente, vamos nos mover em direção à esperança, à visão e à transformação. A experiência dos vôos espaciais, direta ou indiretamente, afetou nossas percepções da realidade e de nossa posição nela. Viver numa época em que se pode ver a Terra como um todo contra um pano de fundo negro e "vazio" mudou o que significa ser um ser humano, de forma muito semelhante, à alteração ocorrida há milhares de anos, quando a vida nômade foi trocada por uma vida assentada.

O fato de vermos a floresta como algo cheio de esperanças, provém de atentarmos para nossa capacidade de mudar nosso pensamento, nossa criatividade potencial e da oportunidade de servir, durante essa evolução, a todo um novo jeito de ser.

Tudo Está na Nossa Mente
Como Ver o Jardim de um Modo Totalmente Novo
***Bridge People* ou Elos de Ligação**

CAPÍTULO 4

TUDO ESTÁ NA NOSSA MENTE

*Nenhum problema pode ser solucionado
a partir da mesma consciência que o criou.
Temos de aprender a ver o mundo de novo.*

— ALBERT EINSTEIN

**Pensando Além do Convencional
Nós Criamos o Nosso Futuro
Suposições e Realidade**

PENSANDO ALÉM DO CONVENCIONAL

Em *New World New Mind,* Robert Ornstein e Paul Ehrlich escrevem que "O sistema mental humano está fracassando em compreender o mundo moderno". Eles sugerem que a evolução da nossa mente não acompanhou o ritmo do que criamos, e ilustram vivamente o seu ponto de vista ao notar que não evoluímos além do ponto de vermos o perigo de um urso na entrada de uma caverna. Respondemos ou reagimos ao que é mais imediato. O interesse público pode ser despertado, por exemplo, na situação de duas baleias afogando-se no Oceano Ártico, mas é muito mais difícil de ser mantido em relação à situação da vida nos oceanos em geral.

A evolução da nossa mente não acompanhou o ritmo do que criamos.

Ficamos presos porque achamos que podemos refazer e mudar nosso mundo usando os modos convencionais. Seguindo o exemplo de Ornstein e Ehrlich, uma "solução" convencional, quando vemos um urso à entrada de uma caverna, poderia ser a de se esconder bem longe, no fundo da caverna, acender um fogo, atirar pedras e pedaços de pau ou gritar para assustar o urso e fazer com que ele vá embora. Poderíamos até mesmo tentar matá-lo com uma lança. Mas, a não ser para *esse* caso *essa* lança, nada de fundamental se alterou. Mesmo depois que o urso se vai, continuamos a morar na caverna, e outros ursos continuam pela floresta.

Nós Criamos o Nosso Futuro

Se as soluções convencionais fossem a base das invenções e inovações do programa espacial, ninguém teria navegado ao redor da Terra, livre da lei da gravidade, isso sem falar da Lua, é claro. Para se criar um futuro viável, temos de compreender que o futuro é criado a cada dia. Para criá-lo de jeito a nos servir, temos de avaliar tudo de forma diferente.

A depreciada frase "Está tudo na sua *cabeça*" é freqüentemente usada no linguajar contemporâneo para significar "Você não sabe o que está falando", ou "O que você está sentindo não é realmente o que acontece". Mudemos a ênfase para "*Tudo* está na sua cabeça". O modo como criamos a nossa realidade é um assunto complexo, metafísico, e eu não sou especialista em escrever sobre isso; portanto, sejamos práticos. As definições que usamos determinam nossas suposições, e as suposições que temos como certas determinam nossas definições.

> *Nosso mundo poderia ser muito diferente se a maioria de nós definisse o sucesso de forma diferente.*

Tomemos o "sucesso" como um exemplo. Na nossa sociedade, a visão predominante do sucesso está baseada no quanto de dinheiro a pessoa possui, no volume de "resultados" que se produz ou no quanto de poder se tem sobre os outros. Nosso mundo poderia ser muito diferente se a maioria de nós definisse o sucesso de forma diferente. As pessoas mais bem-sucedidas, por exemplo, poderiam ser aquelas que caminhassem o mais levemente possível sobre a Terra, consumindo o mínimo materialmente, enquanto ainda capazes de encontrar maneiras únicas e confiáveis de se viver maravilhosamente bem. Sucesso poderia significar saber que tudo o de que necessitarmos estará disponível quando for preciso; que não precisamos comprar e acumular por medo de não ter o bastante.

Redefinir o sucesso poderia implicar a idéia de que os líderes mais bem-sucedidos são aqueles capazes de colocar o serviço acima de seus próprios interesses; aqueles que encorajassem e recompensassem inovações verdadeiras na escolha de mercados de trabalho, em vez de apenas acrescentarem mais uma das cinqüenta variações já disponíveis sobre o mesmo tema; e aqueles que se decidissem, de verdade, e profundamente, a ajudar a si mesmos e a quem mais possam encontrar pelo caminho, a se tornarem cada vez mais humanos. Líderes bem-sucedidos poderiam ser aqueles que, conscientemente, *evitam* consumir recursos naturais e acumular poderes *sobre* os outros. Sucesso em liderança poderia resultar da habilidade de se gerar poder *com* os outros e da habilidade de se evocar a sacralidade da liderança em cada membro da organização.

O objetivo dos negócios bem-sucedidos poderia ser ainda o lucro monetário, mas só com a condição de se deixar a parte física da Terra, e toda a vida que os negócios tocarem, não apenas em boas condições, mas ainda *melhores* do que antes. Uma responsabilidade crucial dos negócios seria a de gerar as condições e um meio para que o maior número possível de seres humanos dessem suas contribuições para a criação de um mundo melhor. Um negócio bem-sucedido poderia ser aquele que soubesse não apenas quando parar de crescer *quantitativamente*, mas também como continuar a crescer *qualitativamente*. Uma medida básica do sucesso empresarial seria a de não se desperdiçar nada, de se criar produtos que durassem por toda uma vida ou mais, sem que nada seja perdido nesse processo.

Você pode achar que essas possibilidades para a redefinição do sucesso estão muito além dos limites conhecidos; ou pode achar que são óbvias demais. Isso é verdade. Já existem pessoas em nossa cultura que definem o sucesso nesses termos. Tudo isso é possível. Só que não é fácil de ser alcançado com os nossos atuais acordos e premissas.

SUPOSIÇÕES E REALIDADE

"Suposições" e "realidade" são, com freqüência, completamente diferentes. Existem algumas suposições com relação à vida na Terra a cujo respeito podemos concordar que são verdadeiras — como a de que precisamos de ar para respirar. À exceção de outros fundamentos similares, muito acerca do que concordamos em *chamar* de realidade é, no mínimo, relativo, longe de ser exato. Por exemplo, embora saibamos que a Terra tem um movimento de rotação, dizemos que o Sol se levanta pela manhã e se põe à noite. Embora essa imprecisão não cause nenhum mal, muitas outras suposições sob as quais agimos são de fato muito perigosas. No Ocidente, por centenas de anos, nos assumimos como máquinas que fazem parte de uma engrenagem universal. Essa suposição leva a uma outra: a de que podemos estar separados da natureza. Outras suposições se constroem a partir dessas duas, e acabam por afetar tudo o que significa ser um ser humano e estar vivo.

Assim, em grande parte, TODA a "realidade" está na nossa cabeça. Ficamos tão certos de que nossas suposições são verdadeiras que as chamamos de realidade, e, com o tempo, elas de fato se tornam realidade. Em outras palavras, nossas crenças, atitudes e comportamentos são calcados nessas suposições sobre as quais concordamos e que determinam nossas convenções essenciais a respeito da vida, da maneira como o mundo funciona, do que é possível e do que é certo ou errado. Dessas suposições, surgem as nossas convenções sobre os negócios, sobre a definição de sucesso, sobre o que é trabalho, sobre como nos relacionamos uns com os outros e sobre tudo o mais.

Na verdade, nós nos convencemos de tal modo que as crenças são "verdadeiras" que as tomamos como sendo a única maneira como as coisas podem ser, como auto-evidentes, como a própria realidade. Um belo exemplo ocorre no filme fantasia de Spielberg, *ET*. Quando as crianças estão ajudando o seu querido alienígena a voltar para o seu lar, Elliot, que é o seu amigo terrestre mais próximo, diz a um dos meninos mais velhos: "Ele é um homem que veio do espaço e nós o estamos levando para a sua espaçonave." O menino mais velho então pergunta: "Bem, será que ele não poderia ir viajando num raio de luz?" E Elliot, em tom exasperado, responde: "Isto é REALIDADE, Greg!"

As premissas fundamentais, que facilmente aceitamos, penetram fundo e se espalham. Mesmo o fato de que somos capazes de enxergar além de algumas delas, não faz com que seja mais fácil mudar o comportamento que elas acarretam. Quando construí minha casa, eu quis fazê-la corretamente, do ponto de vista ecológico. Procurei localizá-la de forma adequada no terreno, usar materiais não-tóxicos, torná-la eficiente no uso de energia e tentei apoiar projetos ligados ao uso consciente do meio ambiente. No entanto, a "oferta" e a "procura" não me ajudaram muito, sendo eu uma pessoa de classe média, para a realização do meu sonho. Deparei com problemas que me desapontaram e deixaram as minhas metas longe do sucesso. As escolhas que eu queria fazer iriam elevar o custo da construção para muito além do meu orçamento. A qualidade dos produtos de algumas empresas sensíveis à questão ambiental ficava aquém do que eu desejava. A empresa financiadora só financiaria se eu trabalhasse com materiais convencionais. Muito poucos, dentro da comunidade, com exceção, talvez, do meu arquiteto, me apoiavam na escolha de opções ecologicamente viáveis. Eu fiz o que pude. Sem dúvida, mesmo com os meus conhecimentos, contribuí para a maioria das premissas, ao construir uma casa mais comprometida com a ecologia.

Uma mudança sistêmica de suposições, em nível individual e cultural, ocorre quando uma, duas e mais e mais pessoas, mudam sua maneira de pensar ao explorar as suas mais profundas suposições e ao testar algumas outras, às vezes novas, contra a "realidade". Com o tempo, quando uma quantidade razoável de pessoas tiverem explorado e testado por si mesmas — geralmente por meio de conversas profundas, diálogo e questionamento — uma mudança para a sociedade é possível. Podemos e devemos mudar a nossa mente. Assim, ao longo do tempo, a definição de "realidade" também se altera. Que a "realidade" seja aquilo que pensamos, é hoje em dia uma das primeiras suposições que precisamos explorar e testar. As coisas não são bem o que parecem ser.

Com capacidade e disposição de ir fundo nas raízes do nosso pensamento, temos a possibilidade de criá-lo de novo, de atender às causas em vez de atender aos sintomas, de reivindicar a mais distinta e preciosa graça: nosso poder de discernir o que pensamos, de reformulá-lo e alterá-lo se quisermos. Essa oportunidade de uma mudança positiva está coletivamente em nosso poder. De forma coletiva, esse *é* o nosso poder.

Capítulo 5

Como Ver o Jardim de um Modo Totalmente Novo

Primeiro, as pessoas se recusam a acreditar que uma estranha coisa nova possa ser feita, e passam a esperar que ela não possa, de fato, ser feita. Esperam que ela não possa ser feita porque isso significa ver o jardim de uma forma inteiramente nova. Então elas vêem que isso pode ser feito. Então a coisa é feita, e todo mundo se pergunta o porquê de não ter sido feita há muito tempo.

— Frances Hodgson Burnett
The Secret Garden

Um Enfoque
Mudança dos Indivíduos e dos Sistemas
Visões
Organizações São Acordos

Um Enfoque

A tarefa mais atemorizante que temos a desempenhar é ver o jardim de uma forma inteiramente nova. E isso é necessário. De fato, é *tudo* o que é preciso. Ver o jardim de forma inteiramente nova pode parecer algo simples, mas é profundamente complexo. É onde os desafios e as potencialidades se encontram.

A boa notícia é que a nova perspectiva já começou. Vimos a unicidade de toda humanidade, na verdade, de toda a vida, por meio da experiência direta dos astronautas e das fotografias da Terra tiradas do espaço. Ao vislumbrar o jardim de uma forma inteiramente nova, as "estranhas coisas novas a serem feitas" serão cada vez mais claras para aqueles que têm de nos levar na direção

COMO VER O JARDIM DE UM MODO TOTALMENTE NOVO

dessa nova perspectiva. O que Frances Hodgson Burnett escreveu para as crianças é ainda mais verdadeiro para os adultos: uma vez que damos um passo para essa nova perspectiva, "Então elas vêem que isso pode ser feito". Com o passar do tempo as coisas a serem feitas irão parecer cada vez menos estranhas.

Mas isso é *trabalho* — às vezes trabalho incomum. Talvez não encontremos as enxadas e tenhamos de fazer a coisa com alguma outra ferramenta. O cervo e os coelhos apreciam os brotos novos da vegetação, enquanto ficamos pensando sobre quem devemos apoiar: os animais, as plantas, nós mesmos ou todos. A chuva não veio; portanto, temos de regar o jardim dia após dia. Muitos de nós podem não ver os frutos do nosso trabalho extra; serão os nossos filhos que irão colhê-los. É tentador se deixar afligir pelo tamanho da nossa tarefa.

MUDANÇA DOS INDIVÍDUOS E DOS SISTEMAS

Há 25 anos, eu tinha o hábito de fumar. Fumava durante as aulas na universidade; em aviões; restaurantes; antes, durante e depois dos seminários; no automóvel enquanto dirigia no inverno frio e sombrio de Minnesota. Não me lembro de ter percebido como isso afetava as pessoas ao meu redor ou que os outros achassem grosseiro de minha parte acender um cigarro. Também não me recordo de lhes pedir permissão.

Nos anos 70, algumas mudanças começaram a acontecer — mudanças que ofereceram um exemplo completo de transformação simultânea e independente, na minha mente e na minha comunidade. Minnesota foi o primeiro Estado a promulgar uma lei exigindo que os restaurantes reservassem uma área para não-fumantes. Com isso, uma nova questão surgia sempre diante de mim, forçando-me a me dar conta e escolher: "Fumante ou não-fumante?" Poucos anos depois, a empresa aérea Northwest Airlines usava a sua política de não fumar como arma publicitária. Em seus bilhetes de viagem e em sua revista destinada aos passageiros, um mapa da América do Norte era estampado com a parte terrestre dos Estados Unidos em destaque; ali estava escrita a frase "Nossa Área de Não-Fumantes". Embora muitos fumantes se sentissem ultrajados, a decisão da Northwest de dar esse passo ante as possíveis hostilidades foi algo decisivo, tanto para apressar as mudanças quanto para nos levar a perceber que o ponto de vista da maioria estava mudando.

Nessa época, eu tinha mudado de opinião também. Eu, que até então estava convencida de que não poderia deixar de fumar, certa de que daria minha última tragada no meu leito de morte, simplesmente havia deixado de fumar! Como é que isso aconteceu? As mudanças na política e nas leis tinham um efeito, mas as coisas estavam mudando em outros níveis também. Um por um, muitos dos meus amigos deixaram de fumar. Mais mensagens sobre o desenvolvimento de um estilo de vida mais saudável começaram a surgir. Elas tiveram maior impacto sobre mim do que aquelas que me diziam como é que eu iria morrer se continuasse a fumar. O desenvolvimento de uma consciência coletiva ajudou-me a operar a mudança. Naturalmente, eu ainda tinha de abrir mão do meu hábito.

Hoje em dia, posso passar meses sem contato com cigarros, cachimbos ou charutos. Nenhuma das empresas a quem eu presto consultoria permite fumantes em suas dependências. Nos dias gelados de inverno, alguns têm de caminhar até o carro, normalmente estacionado a alguns quarteirões, para conseguirem dar suas tragadas.

Essa mudança dramática, ocorrida num breve período de tempo, nos oferece um modelo da natureza interativa das mudanças individuais e dos sistemas. É claro que algumas pessoas ainda fumam, e as empresas de tabaco se expandem para novos mercados globalizados. Contudo, se mudanças podem ocorrer num lugar, num determinado tempo, isso mostra o potencial para mudança em outros locais e tempos. Olhando para o jardim novamente, fazer as "estranhas coisas novas" que antes nos recusávamos a crer que pudessem ser feitas é de fato um *processo interativo e de desenvolvimento*.

VISÕES

Conquanto a palavra "viabilidade" confira um sentido maior de esperança e totalidade do que "sustentabilidade", esta, no entanto, ainda é a palavra usada para descrever uma condição de trabalho futuro. Willis Harman menciona várias condições que temos de encontrar para melhor assegurarmos uma sociedade humana sustentável na Terra. Elas subentendem:

- Que os sistemas básicos da vida no planeta — ar, água, vida vegetal e vida animal — trabalhem conjuntamente pela manutenção uns dos outros.
- Que busquemos um senso de justiça para todas as pessoas como um modo de se desenvolver uma maior estabilidade global.
- Que a todos possa ser dada uma oportunidade de contribuir, e, em troca, serem apreciados.
- Que a diversidade de culturas seja estimulada para que tenhamos um maior poder de recuperação.
- Que repensemos o que significa "segurança" nacional e global.

Existe um paralelo interessante entre essas condições e as de Thomas Berry para a evolução da vida, mencionadas no "Guia de Campo" do seu Prefácio.

Enquanto seguimos nosso caminho pelo tráfego muito louco de Bangcoc, minha amiga Char vai explicando: "Isso é o que é viver aqui. Levo sempre comigo um livro quando vou de táxi, pois o tráfego pode passar de uma rotineira corrida de vinte minutos a uma provação de três horas.

"E veja aqueles prédios comerciais de quinze andares, Barbara", exclama Terry, seu marido. "Eles são um desastre a espera de acontecer, afinal o equipamento dos bombeiros locais só chega até o quinto andar."

Uma vez já no centro da cidade, só de caminhar por uns dois quarteirões, meus pulmões começam a doer, e eu tenho dificuldades para respirar. Embora seja ainda por volta do meio-dia, o Sol já está vermelho. O ar é o pior dos que até então eu já experimentei. Bangcoc pode muito bem ser uma precursora das futuras experiências urbanas em cidades ao redor do mundo.

Esse exemplo demonstra o perigo de se transgredir apenas uma das condições de Harman: a necessidade de todos os sistemas básicos da vida planetária manterem-se uns aos outros. Não podemos dizer, a partir da história, se os outros são mantidos ou não; mas ela mostra de forma sombria que mesmo a violação de uma única das condições cria o que, evidentemente, é um cenário insustentável.

Isso não tem de ser assim. Duas semanas mais tarde, participei de uma refeição com minhas amigas Api e Tami, com a família de Api, na Indonésia. Disse então Api: "Recentemente, os conselheiros da cidade, que são as pessoas mais idosas, pensaram seriamente na aquisição de um trator. O meu pai está contando as suas deliberações para mim." O pai dele falava em indonésio, e Api traduzia para mim. "Por um lado", disse um dos conselheiros, "um trator poderia ser muito mais eficiente do que se usar um búfalo, e poderíamos então nos transformar em uma cidade mais moderna." "Porém", contestou um outro ancião, "teríamos de conseguir dinheiro para comprar petróleo." "E ainda algumas pessoas poderiam não ter onde trabalhar", acrescentou um outro. Se entendi corretamente a tradução de Api, o pensamento deles era de que cada um estava trabalhando e comendo, vivendo e amando. Não tinham planos de conquistar a cidade mais próxima. A conclusão era a de que um trator tinha mais capacidade de causar danos à comunidade do que de desenvolvê-la.

Conquanto várias das condições de sustentabilidade sejam encontradas nesta segunda história, podemos nos concentrar no poder de apenas uma: a oportunidade para cada um contribuir e, em troca, ser apreciado. Isso proporcionou propósito e integridade à vida comunitária do lugar.

Mudando o referencial para mais próximo de casa, Gary Zukav oferece uma provocativa visão do que os negócios poderiam parecer se vistos de uma maneira nova. Em um recente artigo intitulado "Evolução e Negócios", Zukav pergunta: "E se o negócio dos negócios fosse a evolução das almas nele envolvidas?" Próximo ao fim do seu artigo ele observa:

À medida que a saúde do meio ambiente, a reverência pela vida e a apreciação da Terra como um organismo vivo em meio a um universo vivente

vai se integrando à orientação dos negócios, estes, por fim, vão se tornan-
do defensores naturais de tudo aquilo de que no momento se aproveita, ou
seja, empregados, consumidores, vendedores, comunidades hospedeiras, o
meio ambiente e a Terra... uma fonte de realizações para todos os que par-
ticiparem e uma dádiva para todos os que por eles forem tocados.

Focalizando de modo ainda mais específico, podemos explorar a caminhada individual de um líder, desenvolvida na "Parte II: Uma Trilha". Apoiamos
processos evolutivos, ao desenvolver nossos mais profundos e completos poderes pessoais, que nos ajudam de forma criativa a nos ligar a uma fonte maior.
Essa trilha aos *poderes*, que eu estou sugerindo, é apenas uma entre muitas na
floresta. Foi retirada de variedades antigas e modernas de expressões espirituais: do pensamento budista e do cristão, dos sete chakras do Hinduísmo, da
Cabala mística judaica, das tradições dos índios americanos e de colegas visio-
nários. Ao desenvolver esses poderes, podemos levar para o mundo do trabalho partes inteiras de nós mesmos mais equilibradas e coerentes, incluindo a
alma e o espírito, ao mesmo tempo em que reconhecemos nosso trabalho e
nosso papel de líderes como algo sagrado.

Ponderemos sobre a vida e o trabalho de pessoas como Nelson Mandela,
Gandhi, Madre Teresa, o Dalai Lama, Marianne Williamson, Martin Luther
King, Barbara Marx Hubbard e muitos outros. O que é que eles têm em comum que é tão notavelmente incomum? De muitos modos, eles são simplesmente como eu e você. Precisam comer e dormir; e têm sentimentos, pensamentos e experiências que fazem sentido. O que, então, é único a respeito deles?
Terão vencido, como diz Williamson, o medo de ser "poderosos além da conta?" Todos parecem reconhecer o trabalho de suas vidas como sagrado, e parecem ver a importância do fazer no mundo de hoje, tal como ele se encontra,
para que amanhã possa ser mais do jeito que gostariam que fosse. É claro que
todos integraram profundamente suas individualidades espirituais em seus trabalhos. Nenhum sentiu a necessidade, ou mesmo o desejo, de bloquear suas
partes mais profundas à porta de entrada dos seus locais de trabalho.

Em todos os níveis — seja no global, de negócios ou individual — é a
"mudança de mente" que irá trazer um novo jardim à existência. Estamos envolvidos numa mudança evolutiva que não é menos profunda do que aquela que
os animais marinhos experimentam quando emergem na terra e precisam subs-
tituir suas guelras por pulmões. Zukav descreve isso como uma mudança dos
cinco sentidos físicos — visão, audição, paladar, tato e olfato — como uma
maior valorização desses e de muitos outros sentidos. Assim como os pulmões
em relação aos peixes, alguns dos sentidos adicionais são sutis e ainda parecem fora do alcance. Todavia, como Harman escreve em *Global Mind Change*,
"Imagine a si mesmo como um historiador olhando para trás, de algum ponto
do próximo século. Por exemplo, o que você imagina como sendo a coisa mais

importante que terá ocorrido no mundo durante o século XX? O meu palpite é de que o que ocorrerá será algo tão tranqüilo como uma mudança de mentalidade, uma mudança de mentalidade que emergirá das profundezas do inconsciente, espalhando-se ao redor do mundo e transformando tudo."

ORGANIZAÇÕES SÃO ACORDOS

Não me lembro em que filme de faroeste eu vi essa cena, mas a seqüência continua fresca em minha mente. À medida que o seu rancho vai sendo recuperado, um caubói se lamenta: "Foi a Companhia Bovina Shawnee quem o adquiriu." Um outro caubói pergunta: "Quem?", e o primeiro responde, "Não foi ninguém, foi uma Companhia".

Não é ninguém. Nossas organizações não são entidades substanciais em si mesmas. Não regem a si mesmas ou a nós. Não são capazes de se responsabilizar. Em vez disso, elas são o nosso reflexo e o resultado dos acordos que fazemos. Mesmo que tenham se desenvolvido antes de surgirmos, elas representam os acordos que continuamos a fazer e a manter. Se mudamos nossos acordos, nossas organizações também mudam.

> *Tudo pode mudar quando existe má disposição para manter velhos compromissos somado a um desejo de criar novos.*

A mudança inédita ocorrida na parte oriental da Europa alterou acordos e, por conseguinte, organizações. E isso ocorreu com muito pouco, ou quase que sem nenhum derramamento de sangue. A queda do Muro de Berlim demonstrou o que acontece quando a legitimidade é removida das instituições e daqueles que as dirigem. Tudo pode mudar quando existe má disposição para manter velhos compromissos somado a um desejo de criar novos. Embora o exemplo seja político, os mesmos princípios aplicam-se aos negócios. À medida que mudamos conscientemente nossa mente e, com resolução, embarcamos em nossas viagens espirituais — e à medida que as organizações de negócios seguem seu rumo, tornando-se fontes de apoio à vida e ao crescimento — o jardim do nosso sistema planetário também se altera.

CAPÍTULO 6

BRIDGE PEOPLE OU "ELOS DE LIGAÇÃO"

O tradicional horizonte da vida já não serve mais. Seus velhos ideais, conceitos e padrões emocionais já não se encaixam, a hora de se cruzar o limiar de um novo tempo já está aí.

— JOSEPH CAMPBELL
HERO WITH A THOUSAND FACES*

Formamos um Elo de Ligação
Haurindo da Sabedoria Antiga
Em Busca de uma Essência

FORMAMOS UM ELO DE LIGAÇÃO

Para escrever o livro *The Overview Effect: Space Exploration and Human Evolution*, Frank White entrevistou 24 astronautas e cosmonautas a fim de explorar como as suas experiências afetaram a percepção de si mesmos, como afetaram o mundo, o futuro — e, por extensão, muitos de nós. Ele usa uma parábola do peixe para descrever a maneira como visualiza o papel evolutivo natural e ao mesmo tempo profundo que a conquista do espaço está desempenhando.

Ele nos pede para imaginar o mundo de um peixe: a água com ligeiras distinções entre a luz e a escuridão e, talvez, uma pálida visão do fundo do oceano. Só por um instante, um peixe pode saltar para fora do seu mundo de água e ter a experiência de "alguma coisa mais". O que White chama de "visão do peixe" é limitado pelo seu restrito mundo físico. Um peixe não sabe identificar

---

* *O Herói de Mil Faces*, publicado pela Editora Pensamento, São Paulo, 1988.

com o quê a Terra é parecida. White então imagina a enorme mudança que teve de ocorrer para um peixe se arrastar para a terra firme. Ele então foi capaz de ver o "oceano" pela primeira vez e encará-lo como uma parte de algo muito maior. Como poderia esse "peixe explorador" explicar a "Terra" aos outros peixes — suas cores, seus ruídos, panoramas, texturas e solidez — uma vez de volta à água? White imagina o seguinte diálogo:

"Interessante", diriam alguns. "Um verdadeiro ato de bravura de sua parte, ao correr esses riscos." Outros, menos benevolentes, diriam assim: "Sim, muito interessante; mas que importância tem isso para a nossa vida no mar? Que proveito pode ter essa 'Terra' para nós?" (p.8)

Paralelamente a essa parábola, o astronauta Rusty Schweickart diz o seguinte: "Quando você já está lá fora, e já não existem mais referenciais nem limites, sem nenhuma fronteira... então você sabe muito bem, pois lhe vem de uma forma extremamente forte, que você é o elemento sensitivo [para a humanidade]."(White, p.12.)

As profundas reflexões do astronauta e cosmonauta "peixe explorador" resultou na criação de novas organizações, nas quais todos podemos lidar com as mudanças que ocorrem. Um exemplo disso é o *Institute of Noetic Sciences*, em Sausalito, Califórnia, criado pelo astronauta da Apolo-14, Edgar Mitchell. O instituto acrescentou muito ao nosso entendimento da consciência humana, por meio de pesquisas em ciências não-convencionais, como as curas e a conexão corpo-mente, o altruísmo criativo e as experiências paranormais.

Mudanças transformadoras são acompanhadas por um período de transição. Esses tempos nos fazem confrontar o caos, a confusão e um grande potencial para o sofrimento humano. Podemos reduzir esse potencial tornando-nos mais conscientes de que estamos em transição e fazendo escolhas que ajudem a nossa evolução, em vez de ser uma resistência a ela. Em outras palavras, quanto mais cientes estivermos — e quanto maior o número de pessoas cientes entre nós —, mais fácil haverá de ser a transição. Tornando-nos mais conscientes das nossas experiências *na* vida, e mais cientes da sacralidade da nossa contribuição *para* a vida, seremos *bridge people* [pessoas-ponte]. Formaremos o elo de ligação entre o que tem sido e o que está se tornando.

Formaremos o elo de ligação entre o que tem sido e o que está se tornando.

Embora os astronautas possam ser os únicos seres humanos a deixar a Terra fisicamente, metaforicamente, eles não são somente peixes deixando o mar para explorar uma nova Terra. É preciso uma grande força, confiança, tenacidade e coragem para deixar o mar e explorar a Terra. E também exige a capacidade de voltar ao mar, sabendo que nossa evolução é inevitável. Como eles de ligação, buscamos maneiras de descrever a Terra, de dar valor e credibilidade à vida na terra e no mar, e de assegurar que outros peixes com guelras possam ter pulmões no devido tempo. Encorajamos essa transformação, mesmo que possa parecer que iremos morrer sem ter algo para "respirar".

HAURINDO DA SABEDORIA ANTIGA

Uma ponte liga um lado a outro. É algo bidirecional, em vez de possuir somente uma direção. Assim é conosco. Ligamos a sabedoria antiga com a sabedoria emergente. Por exemplo, ao explorar antigos princípios de viver em harmonia com a Terra, podemos ver o jardim de um "novo" modo — não porque os princípios sejam novos, mas precisamente por serem uma antiga lembrança revivida.

Um conjunto de princípios antigos é a tradição dos índios americanos: "As Duas Leis Sagradas." Em suas assembléias, descritas mais adiante no Capítulo 11, uma comunidade reúne o conhecimento e toma as decisões em conjunto. O conhecimento cresce à medida que se ouvem várias perspectivas ao redor de um círculo, conhecido como A Roda dos Remédios. Assim como toda roda é incompleta sem o seu eixo, a sabedoria coletada fica sem sentido se não for ligada aos princípios centrais. Estes são dois princípios ou leis sagradas que se encontram no centro, conhecidos como O Fogo das Crianças. Cada questão, idéia ou proposição, juntamente com todo o conhecimento que se acumulou, é colocada à prova do fogo e testada contra os dois princípios.

Esses dois princípios são:

1. O respeito aos processos naturais de parto e crescimento; um respeito pela gestação. Ele inclui e envolve muito mais do que a gestação, o nascimento e o crescimento humanos. Significa um respeito por todo recémnascido, dos pequenos lobos às idéias, assim como o respeito pelos ciclos naturais, pelos processos iniciais de toda vida e por toda sua série contínua — passado, presente e futuro.

2. Nenhuma decisão é tomada, e nada pode ser criado ou promulgado que possa causar algum dano às crianças — já nascidas ou por nascer. Novamente, esse princípio inclui e envolve muito mais do que as crianças humanas. Vale também para toda planta jovem, animal, grupo de trabalho, idéia criativa, pensamento emergente, e tudo o mais que seja "jovem".

As Duas Leis Sagradas dispõem de forma sucinta, primeiramente, *o que* está para ser feito; e, em segundo lugar, *como* fazê-lo. Em outras palavras, a primeira descreve aquilo por que somos responsáveis: tudo que nasce e tem vi-

As Duas Leis Sagradas

da. A segunda descreve como encontrar a nossa responsabilidade: tomando somente decisões que sirvam à vida e ajudem a mantê-la em todos os seus estágios de desenvolvimento; jamais tomar uma decisão que possa causar algum dano à vida em si.

Esses dois princípios são o próprio fundamento para a evolução bem-sucedida da vida. São simples o bastante para as crianças se lembrarem deles e são apropriadíssimos, já que servem de filtro para um território bastante complexo. Passam a ser a base para o comportamento e a ação, e assim a base de criação do presente e do futuro. Esses dois princípios têm potencial para ajudar os líderes de negócios a reordenar suas prioridades de acordo com as leis e os ciclos da natureza.

Compartilhei essas idéias com um colega e amigo íntimo, Peter. Reconhecendo-o como um mestre da simplicidade, achei natural que pudesse realmente apreciá-las. No entanto, sua primeira reação foi a de querer complicar a coisa. Ele disse: "É certo que tem de haver mais que duas leis. Que dizer sobre tudo o que as outras culturas do mundo trazem, sem falar do mundo moderno?"

"O que mais pode haver além do que está contido nessas duas leis?", perguntei. "É reconhecido que a cultura e a tradição dos índios americanos não é a única que possui esse ensinamento. Ele é básico e universal. Exatamente como a regra de ouro da tradição cristã: 'Faça aos outros o que gostaria que fizessem a você.' Isso aparece só que escrito de modo diferente, em cada religião do mundo. No Budismo, por exemplo, pode ser encontrado como: 'Não fira os outros de modo que você mesmo considera doloroso.' No Hinduísmo fica assim: 'Não faça aos outros o que, se feito a você, causaria sofrimento.' Mas você pode imaginar o que mais precisaria ser incluído aqui?"

Ele estava perplexo e por alguns instantes ficou pensativo. Depois disse: "Olhando para o meu processo interior, vejo-me amarrado à premissa de que a nossa cultura ocidental, altamente técnica, deva ter alguma coisa a mais de importante, ou de novo, para acrescentar ao mundo. Na verdade, ao refletir sobre isso, vejo que talvez seja o oposto. Talvez As Duas Leis Sagradas representem o que está faltando a nós, e por isso estamos quase que afogados nesta época cheia de problemas aparentemente insolúveis."

Em Busca de uma Essência

Vivemos numa época de mudança de padrões, de uma nova concepção do nosso mundo, de uma dramática evolução da consciência. Como elos de ligação, uma de nossas tarefas é a de procurar cuidadosamente em toda parte por uma essência, por um significado e por uma direção. Temos de penetrar no antigo e no emergente; encarar o escuro e nos banhar à luz do sol; viver o preciso momento enquanto se consideram as próximas sete gerações vindouras; saber que o que fazemos "aqui" se espalha por toda parte; desempenhar nossos papéis individuais cientes da estrutura de um todo maior. Sim, é complexo; caso contrário, acharíamos mais fácil de fazê-lo.

> *Procurar cuidadosamente em toda parte por uma essência, por um significado e por uma direção.*

Podemos visualizar as mudanças que ocorrem como uma seqüência de círculos interligados em série. Uma área em forma de Lua crescente está marcada, na figura abaixo, a partir do círculo inicial. Um segundo círculo mistura-se à parte restante do primeiro e é mais largo, pois o potencial do que está surgindo e evoluindo é maior que o existente até então. Um outro círculo intercepta e se sobrepõe aos dois primeiros, produzindo novas partes crescentes a serem compartilhadas enquanto se unem com o restante. E assim por diante. A parte crítica desses círculos interligados é a área sobreposta. Essa parte interceptada é que fornece a ligação entre o passado e o futuro. E, ainda mais, forma uma base para o crescimento emocional e espiritual, da mesma forma como a gravidade está relacionada com o nosso aspecto físico.

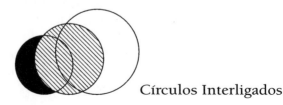

Círculos Interligados

Você poderia desempenhar o melhor da sua individualidade, estando sempre ciente de uma estrutura maior do todo? Como ativar uma mudança de mentalidade em si mesmo? O melhor que se pode fazer reside na sua compreensão: na oportunidade de aprofundar sua capacidade individual por meio de uma viagem em direção à totalidade como ser humano.

Parte II

Uma Trilha

PRELÚDIO

PERCORRENDO UMA TRILHA

Eu sempre soube que,
por fim, eu poderia tomar esta estrada,
mas ontem eu não sabia
que isso poderia ser hoje.

— NARIHARA

Assegurando a Presença do Sol
A Consciência da Jornada

ASSEGURANDO A PRESENÇA DO SOL

Em seu conto, *The Storyteller,* o escritor peruano Mario Vargas Llosa escreve sobre uma tribo do Amazonas que ele chama de Machiguenga. Os índios dessa tribo são nômades que caminham em meio à espessa floresta tropical do leste peruano. Sua caminhada é revestida de um significado profundo. Em suas crenças, essa caminhada garante que o Sol continue a despontar no céu, e que, se pararem, ele cai, deixando no escuro toda a vida terrestre.

Ao longo da Parte I, dois temas estão sempre relacionados, paralelamente, com a caminhada dos Machiguengas, ao buscar e desafiar suposições e acessar maior criatividade para seguir adiante. O sol que buscamos assegurar é o estabelecimento de um contexto global que respeite e colabore com a vida.

Até que ponto sua caminhada se reveste de um propósito?

Considere a sua caminhada pela floresta. Até que ponto sua caminhada se reveste de um propósito? Como a sua caminhada contribui para manter a luz no mundo?

A Parte II é uma trilha ao longo da qual se pode explorar mais sobre a sua caminhada, do porquê de fazê-la e de como firmá-la — é uma trilha de oito poderes que já estão em você. A caminhada contínua pela floresta é o seu próprio destino. Ao prestar atenção e escolher deliberadamente por onde passar e como passar, é possível descobrir, clarificar e amadurecer novas dimensões desses oito poderes.

Ao amadurecer sua capacidade de acessá-los, você adquire tanto o discernimento quanto a criatividade necessários para que desempenhe melhor o seu papel neste drama da transformação global.

Um desenvolvimento mais profundo desses oito poderes permite que você atinja a plenitude para a qual foi designado, extraindo mais do potencial natural que está disponível para você. Com esses recursos, você verá a floresta mais completamente e fará a caminhada de maneiras ainda mais atraentes do que já fez até então. Irá descobrir maneiras, por exemplo, de atender melhor gastando menos: como prestar mais serviços usando menos energia, como ter maior criatividade com menor esforço, mais conquistas em menor tempo.

A Parte II é tão-somente uma trilha, mas não é a única existente. Uma floresta sempre tem muitas trilhas. Embora eu esteja usando uma linguagem diferente para descrever a jornada, aspectos dessa trilha já foram rastreados de diferentes modos ao longo de milhares de anos. No Capítulo 15, falarei sobre isso mais profundamente. O fundamento que liga e integra os oito poderes é antigo e variado.

Conquanto apresentados aqui de um modo linear, eles formam um *continuum*. São como as cores do arco-íris. Cada cor é na verdade distinta, possuindo sua própria energia, nuança e valor. Mas existe também uma área em que as cores vizinhas fundem-se umas às outras. Fazer a separação de todo o espectro em poderes separados só é útil como uma maneira para se falar deles. Eles não são divergentes e só quando reunidos formam um todo.

A Consciência da Jornada

Uma floresta está sempre mudando e evoluindo. Isso é natural. Nós também somos assim. Uma "peça" fundamental na nossa caminhada é a consciência de que estamos ligados. Podemos usá-la em nosso benefício. Embora possamos caminhar pela "mesma" trilha, ela é diferente para cada um de nós. Talvez esteja envolvida pela beleza do brilho alaranjado e violeta dos cogumelos que nascem de um musgo verde vivo. Não conheço nomes apropriados para eles. Você pode estar concentrado nos pássaros, ou talvez na luz do sol que brinca por entre as folhas que balançam com o vento. E, no entanto, todos caminhamos pela mesma floresta.

À medida que caminhamos por essa trilha, nossas faculdades começam a aparecer no meu mapa e na minha visão: minhas lembranças e recordações, meus valores e julgamentos, minhas esperanças e desejos. O que vejo e sinto, enquanto caminho é somente uma fração de tudo o que está ali para ser visto e sentido.

Eram 8h30 de uma límpida e agradável manhã quando ajeitei minha mochila às costas e fechei o carro estacionado para mais um dia inteiro de caminhadas em meio a uma reserva florestal. O Sol brilhava e o ar era fresco quando atravessei o asfalto do estacionamento. De repente, para minha total surpresa, eu me vi caída e esticada no chão. Um guarda florestal que passava por perto parou a sua caminhonete, desceu e veio ao meu encontro. Eu ainda estava tonta, mas sem machucados. "Diga-me", ele pediu, "como é que isso aconteceu?" Simplesmente, eu não sabia o que responder. "Caminhei por umas 50 milhas esta semana, nesta floresta, e não caí nenhuma vez", eu disse, "até este momento". Olhei para baixo, para ver se descobria o "motivo" da minha queda; havia ali o caroço de um pêssego. Então me dei conta do motivo de não ter percebido o azar: "Na verdade, eu estava distraída enquanto atravessava a pista; ainda não estava realmente caminhando; apenas seguia em frente, para iniciar de fato a minha caminhada." A verdadeira causa da minha queda não havia sido o caroço de pêssego, mas a falta de consciência no caminhar daquele momento.

É bom dar um tempo antes de fazer a leitura de cada capítulo, para verificar seus pensamentos com relação a cada capacidade em si mesmo. Preste atenção no seu caminhar antes de iniciar formalmente a leitura — faça isso enquanto ainda está no estacionamento. Algum tempo de reflexão pode proporcionar uma oportunidade para se tornar mais ciente do que significa cada capacidade para você, sobre que aspectos da floresta deve se concentrar. Cada capítulo da Parte II está precedido de algumas perguntas para reflexão. Use-as se forem úteis, ou, se preferir, use os seus próprios meios de contemplação. O que você vai usar não importa. A questão é consultar o seu próprio saber, reunir a sua própria prontidão.

Mesmo que você e eu jamais nos encontremos, nós "caminhamos" juntos pela Parte II — eu escrevendo pessoalmente sobre a minha caminhada por esta trilha, e você ao explorá-la por si mesmo junto a mim.

Uma Trilha I

O Caminho Interior

Embora todos os oito poderes se originem de dentro, a raiz dos quatro primeiros é diferente dos demais. Os quatro primeiros estão enraizados no seu diálogo interior; com eles você dá um significado interior à sua vida. Esses poderes são a sua base. Eles fornecem e desenvolvem a sua força, o seu propósito, a sua clareza e singularidade. Esses poderes são:

O Poder da Vitalidade
O Poder da Paixão
O Poder da Integridade
O Poder da Autenticidade

CAPÍTULO 7

O PODER DA VITALIDADE

As coisas mais simples da vida são as mais difíceis. Mesmo ter um belo dia não é coisa fácil. A coisa mais difícil da vida, no meu entender, é viver. Eu quero dizer realmente viver.

— R. D. LAING

PERGUNTAS PARA REFLEXÃO

1. Que idéias lhe surgem à mente quando você pensa a respeito de "Estar Vivo"?

2. Quais são algumas das recordações de quando você se sentiu especialmente vivo?

3. Como esse sentimento de estar vivo o apóia na sua caminhada e no seu trabalho?

4. Como líder, o que você gostaria de extrair a mais do seu sentimento de estar vivo?

5. Neste momento, em que áreas você está se esforçando para desenvolver melhor a sua vitalidade?

Pare de se Preocupar
Engajamento Total
Presença e Atenção
Segurança e Sentimento de Segurança

PARE DE SE PREOCUPAR

Aquele foi um inverno sombrio. Eu estava vivendo a fase mais difícil dos quinze anos de minha carreira de consultora, tanto financeira, quanto pessoalmente. Minha segunda casa, ao longo de muitos anos, havia sido colocada à venda novamente, como uma forma de "contenção de despesas". Além disso, eu me sentia profundamente insegura sobre se de fato *poderíamos* criar um futuro viável; se os líderes empresariais assumiriam o seu papel especial; se poderíamos mudar nossa maneira de pensar de forma suficientemente rápida. Foi uma época de dor e desespero. No entanto, embora magoada, eu me sentia viva.

Sentir-se plenamente viva significa mais do que sobreviver; significa prosperar. Prosperar é muito mais que ser bem-sucedido da maneira convencional: é uma ascensão contínua. David Whyte escreve a respeito em *The Heart Aroused*:

> *Aquelas partes sombrias e negativas em nós, que não queremos revelar no local de trabalho, é a extensão daquele lado de nós que permanece oculto... Pensamos que existimos somente quando nossa vida se parece com a primeira metade do círculo, quando o sentido de nós mesmos está crescendo e se ampliando, quando somos bem-sucedidos ou estamos à beira de uma promoção. Se as coisas fracassam ou se vão mal, nós as rejeitamos, nos recusamos a vê-las como a segunda metade do mesmo círculo e pensamos que há alguma coisa errada em nós. (pp.284-285)*

Uma outra forma de notar as partes sombrias é pela recusa. Existem circunstâncias em que a recusa é uma graça salvadora. Uma maneira de passar por dificuldades ou por circunstâncias aparentemente impossíveis. Mas a negação do comum, da vida cotidiana, consome energia, corrói a vitalidade e arrefece as emoções. Às vezes, estar plenamente vivo, cheio de energia, de vitalidade e de emoções, pode ser difícil. Significa lidar com os incidentes e as condições que você pode não ser capaz de perceber. Quando finalmente você os vê e reconhece que são seus, você tem de assumi-los. Estar plenamente vivo e optar por assumir as suas próprias rédeas pode às vezes fazê-lo sentir-se perdido e vulnerável. Esses são os custos de sentir-se totalmente vivo.

Embora esse inverno sombrio na minha vida possa ser visto como um "fracasso", passei a vê-lo como um dos períodos de maior sucesso, pois na verdade aprendi muito com aqueles dias. Algumas das lições eram novas, enquanto outras faziam parte do processo contínuo de aprendizado da vida. Aprendi que muitas coisas boas surgem quando deixo que os outros me vejam e me amparem; percebi que estar aberta para receber, estar conectada e ser capaz de ficar vulnerável, são as dádivas mais preciosas do que quaisquer outras de minhas conquistas.

Percebi também que o impacto dessas lições era aprofundado *com a experiência*, com a compreensão efetuada em minhas entranhas, e não apenas de forma intelectual, como antes. Por exemplo, intelectualmente eu compreendia que os acontecimentos são neutros; que os significados surgem da minha interpretação; que eu decido sobre isto ou aquilo ser bom ou ruim. A dádiva dessa época foi descobrir a realidade dessa verdade a partir do emocional.

Certo dia, quando pior do que estava seria impossível, eu me senti mais calma do que estivera no dia anterior. Exteriormente nada havia mudado. Eu ainda estava para vender a casa, continuava ainda sem perspectiva de renda, sabia que muitos ainda me consideravam um fracasso. O que havia mudado? Visto de forma simplificada, a mudança tivera lugar não de acordo com as minhas circunstâncias, mas de acordo com a minha atitude e interpretação do que estava acontecendo na minha vida. Senti a conseqüência direta de parar de me preocupar. Eu conhecia esse poder que existe de tomar essa atitude, mas tive um período difícil para entender como fazê-lo. É especialmente difícil sair do que é simplesmente conhecido para a experiência direta de parar de se preocupar; isso porque o "ato" de parar de se preocupar é, na verdade, um paradoxo. Testemunhar a mim mesma, enquanto deixo de me preocupar, foi um grande alívio e aumentou o meu sentimento de estar imensamente viva.

Parar de me preocupar propiciou-me a oportunidade de "ser" humana em novas formas, especialmente como uma profissional de negócios. Eu tinha de mudar a minha crença limitada de que a competência iguala negócios e rentabilidade. O aprendizado e o crescimento vieram quando percebi que eu fui e ainda sou bem-sucedida, tanto em relação à expansão da minha definição de sucesso quanto ao fato de deixar de lado aquilo que até então que fora o sucesso para mim. Quanto menos me preocupava com minha identidade profissional, mais disposta e capaz sentia-me de falar intimamente sobre as condições da minha vida.

Uma parte do sofrimento provinha daquilo que o meu colega, Debashis chama "sofrimento por comparação". É mais ou menos assim: Se você não sabe da existência de algo, provavelmente não necessita desse algo e não sofre por desejar possuí-lo, mesmo que seja possível. Vejo meu filho Michael, que neste ano está no jardim de infância. Pela primeira vez ele está apreciando os comerciais de televisão antes de ir para a escola e depois de voltar dela. Quando chegou a época do Natal, sua linguagem ficou cada vez mais exigente com "Eu quero..." e "Será que você pode colocar mais esse brinquedo na lista?" Michael é originário da região Amazônica do Peru. Se ainda vivesse nos vilarejos de seus ancestrais, não conheceria os Lego Systems, os Power Rangers, ou os microcomputadores. Não precisaria sofrer pela comparação de não ter tudo isso. Porquanto seu deslumbramento possa ser mais ostensivo e espontâneo que o meu, eu também estou sempre sendo apanhada em meus próprios sofrimentos comparativos, como irão mostrar as histórias da "minha" Mercedes e do casaco russo, no Capítulo 8.

Ainda naquela época de inverno sombrio, eu via os meus colegas com suas agendas repletas de trabalho e recebendo as devidas recompensas. Eu sofria com a comparação de não possuir nada de parecido naquele momento. Quando deixei de lado as comparações e me abri mais profundamente às pessoas, o que recebi em troca foi apoio, compaixão e empatia. Por exemplo, uma pessoa que estava tendo uma ascensão na vida foi capaz de compartilhar comigo sua história anterior de total falência.

Eu aprendi e sobrevivi! Saí do outro lado mais calma e aceitando mais a mim mesma. Sou mais realista, no sentido em que o cavalinho de brinquedo de Margery Williams descreve o "real" para o coelho presunçoso, em sua clássica historia *The Velveteen Rabbit*:

> *Isso não acontece de uma só vez. Você se torna. E leva um bom tempo. Daí porque não acontece freqüentemente com aqueles que se quebram facilmente, com os que têm as pontas afiadas ou os que têm de ser pegos com cuidado. Em geral, quando você já se tornou de verdade, seus cabelos já foram quase todos arrancados por carinhos, seus olhos já terão caído, suas articulações estarão soltas e você estará todo esfarrapado. Mas essas coisas não importam em absoluto, pois uma vez que você é de verdade não é possível parecer feio, exceto para aqueles que não compreendem. (p. 5)*

Engajamento Total

Ter uma vida e viver uma vida são duas coisas bem diferentes. O termo "ganhar a vida" é geralmente sinônimo de "trabalhar para ganhar dinheiro". Assim, dessa forma sutil, acreditamos ter de ganhar nossa vida. Não temos de ganhar uma *vida;* nós já estamos *vivos*. A vida é uma dádiva que nos foi dada. Viver a sua vida, realmente penetrar nela, demonstra até que ponto você reivindica para si a dádiva que lhe foi dada.

Ter uma vida e viver uma vida são duas coisas bem diferentes.

Há muitos anos participei, com certa relutância, de uma exibição chamada "O *Continuum*". Tratava de temas relacionados ao tempo e suas fronteiras convencionais. Alguns dos conceitos eram novos para mim e atingiram-me profundamente. Assisti a uma exibição relacionada com a morte, que incluía um vídeo de Elisabeth Kübler-Ross conversando com crianças doentes em estado terminal, sobre como elas aliviavam seu medo e aceitavam o que lhes ocorria.

Depois vieram uma série de painéis relacionados com experiências de quase-morte. Um era de uma pintura sobre o "túnel de luz"; próximo dali, um *display* contendo os depoimentos de pessoas que passaram por esse estado. Por exemplo, uma pessoa que "morrera" numa mesa de cirurgia e testemunhara do alto toda a atividade na sala de operações. Naquele momento, ela descobriu que tinha uma escolha: seguir pelo túnel ou voltar ao corpo. Compreendendo que tinha mais coisas a fazer aqui na Terra, decidira não seguir adiante na luz, embora a luz fosse bastante atraente.

Quando me virei daquele painel, dei de cara com o holograma da cabeça e ombros de uma mulher. Visto de um lado, ela apoiava-se para a frente e corria os dedos pelos cabelos; pelo outro lado, ela levantava o queixo e apoiava a cabeça para trás, como a gemer ou chorar de dor, desespero e raiva. Eu vi a mim mesma — eu estava viva, mas sem alegria. Nesse momento tomei uma dupla decisão: fazer tudo que fosse preciso, dentro da minha capacidade, para não morrer prematuramente e tornar-me o mais completamente viva.

Paradoxalmente, estar plenamente vivo significa estar preparado para morrer a qualquer momento.

Paradoxalmente, estar plenamente vivo significa estar preparado para morrer a qualquer momento. Enquanto trabalhava no Sudão com os refugiados etíopes, durante a tão propagada fome dos anos 80, tive a oportunidade de tirar umas pequenas "férias" na Etiópia. Eu queria ver o lugar de onde vinham aquelas pessoas e como faziam a viagem. Para chegar às regiões que eu queria visitar, tive de ir de avião. Enquanto caminhava pela pista do aeroporto de Adis-Abeba, descobri, para meu espanto, um velho DC-3. Sorrindo ao perceber o meu espanto, o agente disse: "No seu país, você vê destes aviões somente no Smithsonian Museum." Observei os meus pés se moverem em direção à velha aeronave enquanto pensava no que é que eu estava fazendo.

Uma vez a bordo, notei que haviam pequenos pontos corroídos por onde se podia ver o exterior. Momentaneamente em pânico e com a respiração quase presa, pensei em saltar fora dali. O que me impediu foi um desejo de sentir e viver mais profundamente aquela experiência. Ao decolar, lembro-me perfeitamente do pensamento que me sobreveio: "Este é um belo dia e uma bela maneira de se morrer."

PRESENÇA E ATENÇÃO

A segurança e o sentir-se seguro estão, em geral, relacionados com condições estáveis — em que as coisas são deixadas como estão. Mas a condição constante é a de mudança e não a de uniformidade. Outra qualidade que influencia o sentimento de se estar vivo é o de como você lida com as mudanças e as transformações. Se resiste e tenta controlá-las na sua vida, você sofre. Sentir-se vivo significa cavalgar nas ondas da mudança e aprender a gostar dessa cavalgada.

A mudança que nos é mais familiar é aquela em que saímos de uma situação conhecida para outra também conhecida. Por exemplo, de vendedor a gerente, de estar solteiro a estar casado. Conquanto essa mudança possa ser *sentida* como transformacional quando ela acontece a você, trata-se de uma mudança já vivida e experimentada por outros antes de você.

Uma mudança transformadora difere significativamente de uma mudança comum. Seu traço mais distintivo é o de que não podemos prever os resultados enquanto estamos no meio do processo. Nesses casos, movemo-nos de um estado conhecido para um outro ainda desconhecido, um estado inteiramente novo. Algo de novo começa a nascer. Provavelmente lhe foi ensinado que é algo muito bom, e um sinal de competência que um líder esteja no controle — ou, pelo menos, comportar-se como se estivesse. No entanto, se o resultado é desconhecido, como é possível ficar no controle? O que se estará controlando de fato? Os tempos de mudanças transformadoras podem ser assustadores.

Barbara Marx Hubbard oferece a analogia de um bebê no útero da mãe. Imagine o ainda não-nascido dizendo, "Está ficando muito cheio aqui, não há espaço o bastante, vou acabar morrendo!", exatamente pouco antes do momento de nascer. O bebê já não pode mais permanecer no útero. Leis naturais exigem que ele passe para um outro estado totalmente diferente ao viajar pelo canal do nascimento. E aqui existe um paradoxo no nascimento: é algo comum e exigido de todos nós e, entretanto, ao mesmo tempo, profundamente transformador.

Talvez os sistemas desintegrantes da nossa época possam ser vistos como um útero que nos serviu até então, mas que agora já está pequeno demais.

Talvez, o que se assemelha a um estado de caos crescente seja a novidade de se passar por um canal de nascimento para um estado de tal magnitude que esteja, na verdade, redefinindo o que significa ser humano.

Talvez, cada geração imagine ser a sua época a única em matéria de transformação; talvez seja mesmo, ou talvez a nossa época não o seja. Quem é que sabe? Mas por que desperdiçar se é dada a possibilidade? Em todo caso, escolher viver cada dia como se estes fossem tempos de nascimento e transformação aumenta o nosso sentimento de estar vivos. Tornamo-nos parteiras atendendo ao milagre do nascimento.

Passar pelo canal de nascimento é um tempo de transição carregado do medo de se perder o que é conhecido, acompanhado por uma sensação de caos pelo desconhecido que está surgindo. Em *Surviving Corporate Transitions*, William Bridges escreve,

> *A mudança ocorre quando algo de novo se inicia ou algo antigo se interrompe, e acontece num determinado momento no tempo. Mas a transição não pode ser localizada no tempo dessa maneira, uma vez que é um processo gradual...por meio do qual pessoas e grupos reorientam a si mesmos. Uma mudança ocorre, em geral, com um novo começo, mas a transição tem de começar com um final — com as pessoas abandonando seus velhos hábitos e comportamentos.*

A dádiva de um canal para a vida é que ele requer nossa total presença e atenção. Não importa o quanto possamos lutar, não podemos voltar ao útero. Naquele instante, podemos tão-somente ser o que somos, onde estivermos. Escrevendo sobre "A Lei do Menor Esforço" em *The Seven Spiritual Laws of Success*, Deepak Chopra, diz: "As flores não tentam florescer. Elas florescem. Pássaros não tentam voar. Eles simplesmente voam." E ele ainda acrescenta: "Quando se luta contra esse momento, na verdade está se lutando contra todo o universo."

A finalização do trecho citado por R. D. Laing, que serviu de abertura para este capítulo, é bastante apropriado aqui: "Boa parte do tempo que passo no presente, fico pensando sobre o passado ou fazendo planos para o futuro, e assim vou perdendo cada momento presente, em vez de participar da sacralidade de cada um desses momentos presentes."

Segurança e Sentimento de Segurança

A despeito de me sentir solitária, cansada e assustada, enfio-me pelo deserto Somali, acompanhada de quatro homens que eu conhecia apenas o suficiente para ter sentimentos confusos a respeito deles. Ao nos dirigirmos para o oeste, para fora de Mogadiscio, o céu apresentava o eterno azul do final da estação quente que antecede às águas. Nosso destino é Luuq, uma cidade na fronteira com a Etiópia. Luuq, pelo que me foi dito, foi distinguida com uma citação no *Guinness Book of World Records* por ter a média de temperatura diária mais elevada do planeta. Existem lugares mais quentes, mas Luuq é o mais quente na média. Eu venho do norte e, particularmente, não gosto do calor. Eu me pergunto como vou me arranjar.

Dezenas de milhares de refugiados etíopes vivem num acampamento perto de Luuq. Como integrantes de um projeto gerenciado de desenvolvimento, estamos nos dirigindo ao local onde eles vivem para aprender como apoiar da melhor forma aos administradores de campo. Já que me encontro nesse lugar estranho e incompreensível, desejo ver alguém da região.

Depois de quatro horas de carro, deixamos a estrada pavimentada. A viagem se torna mais vagarosa. Estamos metidos numa trilha imunda que não parece dar em parte alguma — e não dá mesmo. Pode ser que existam algumas variantes do caminho, mas, para mim, é impossível distingui-las. E se nos perdermos? As horas passam. A certa altura, a trilha se divide em três. "Hussein, como você sabe qual dos três caminhos nos levará a Luuq?", pergunto. Ele responde: "Qualquer dos três. Foram todos abertos pelos caminhões de alimentos das Nações Unidas e o único lugar a que levam é Luuq." Finalmente, avistamos o povoado surgindo magicamente no horizonte como uma miragem.

Nessa noite em especial não há eletricidade. Costumava haver, mas o gerador da cidade está quebrado há vários meses. Muitas pessoas dormem nas redes. À noite, o calor do dia eleva-se da terra, e quanto mais alto estiver, maior o frescor que se sente. Próximo ao equador, a noite surge súbita e totalmente por volta das 18h, e a maior parte do "dia" acontece do lado de fora, depois do escurecer. Ouço o que não posso ver. Pessoas caminham e conversam, crianças brincam, cebolas são fritas e os cães ladram. Isso ressoa numa escala pequena e local, misturada com a estranha quietude da ausência de tráfego, rádios ou televisões.

Admiro-me. Onde estou? Estarei ainda no mesmo planeta dos meus entes queridos que deixei em casa? Estou a dez horas de carro de Mogadiscio, e dali, duas horas a mais de avião de Nairóbi. Mas os aviões voam apenas três vezes por semana. Assim, a que distância estou *realmente* de uma emergência médica? Uma ligação telefônica de Mogadiscio para os Estados Unidos pode levar dias — mas, pelo menos, essa possibilidade existe. Daqui é impossível. À noite, ao deitar-me na minha rede, considero o quanto fora de contato eu estou com o mundo, tal como o conheço e ele a mim.

Uma vez acomodada e balançando levemente a rede, abro os olhos. Vejo estrelas no mais escuro dos céus. Quantas estrelas! Enquanto contemplo, lembro-me dos meus 14 anos, sozinha, numa fria noite de inverno numa região rural ao norte de Minnesota, à espera do ônibus que me levaria a uma partida de basquete na universidade. Enquanto espero, bato com os pés no chão para me aquecer, olhando para o céu e identificando todas as constelações que conhecia. Aqui em Luuq, onde tudo é tão estranho e incomum, vejo algo de familiar: constelações num escuro céu rural. Uma onda de segurança percorre meu corpo. Esse momento definiu para mim o que é um paradoxo: estou tão distante da "segurança" quanto jamais estive e, no entanto, estou segura. E assim eu durmo.

Estar plenamente viva significa sentir segurança dia após dia, perdendo o medo e ganhando confiança; decidindo por si mesma o que a segurança significa e com o quê se parece o sucesso; abandonando aquilo que o prende ao passado; e optando pelo completo engajamento na dádiva que é sua vida.

CAPÍTULO 8

O PODER DA PAIXÃO

O que na sua vida está a lhe chamar?
Quando todo ruído é abafado,
os encontros são adiados,
as listas, colocadas de lado,
e as flores silvestres desabrocham por si mesmas
no escuro da floresta,
o que é que ainda pulsa na sua alma?

— DE *THE BOX: REMEMBERING THE GIFT*

PERGUNTAS PARA REFLEXÃO

1. Que idéias lhe vêm à mente quando você ouve a palavra "paixão"?

2. Quais são algumas das lembranças de quando você se sentiu especialmente apaixonada?

3. De que forma a paixão pode ajudá-lo na sua caminhada e no seu trabalho?

4. Como líder, o que você gostaria de extrair a mais da sua paixão?

5. Neste momento, em que áreas você está se movendo no sentido de desenvolver esse poder da paixão?

Significado Profundo
A Via Negativa
Mantendo o Propósito

SIGNIFICADO PROFUNDO

Volte ao passado por um instante, a uma época em que esteve envolvido com algo muito caro ao seu coração, em que você se desligou de tudo o mais, exceto do que estava fazendo. Tempos em que, sem levar em conta o que os outros diziam ou sentiam, você continuava no caminho que estava seguindo. Tempos em que, depois de um trabalho duro e importante para você, sua energia, em vez de declinar, ascendia; em que você se sentia como uma esponja, absorvendo tudo o que podia — e ainda assim queria aprender mais. Assim, tão engajado, você faz lembrar uma criança a brincar, inteiramente entregue, com criatividade e entusiasmo.

Você é o único que pode dar poderes a si mesmo.

As memórias que surgem na sua mente são indicações da paixão e do propósito da sua vida. Denotam aspectos da sua razão de ser e são exemplos do que significa para você estar capacitado. Nos dias de hoje, "fornecer capacitação" comumente é usado pelas empresas no sentido de se extrair mais dos outros — como, por exemplo: "Precisamos dar mais responsabilidades a nossos funcionários." Mas acontece que isso é impossível. Você é o único que pode dar poderes a si mesmo. Isso é uma coisa que vem de dentro: tirando o que há de melhor, da parte mais ampla e profunda do que você é e do que você pode vir a se tornar. O melhor que alguém pode fazer é dar-lhe uma força, um apoio e um ambiente criativo.

Penetrar mais fundo na sua razão pessoal de ser e decidir agir o mais completamente possível com relação ao seu propósito mais elevado pode ser um antídoto, um remédio, para se estar além das mágoas ou da negação. Não importa que você se sinta desesperado; refazer a ligação com o seu sonho pode ser uma fonte de grande conforto e de grande poder. Você pode, ou não, já ter tocado no *seu* sonho pessoal. Explorá-lo pode exigir coragem. A pressão para que se caminhe pelas trilhas aceitas da nossa cultura pode parecer grande: seja prático, cerque-se de um ambiente materialmente confortável, tenha mais do que o suficiente. A pressão, de fato, é ainda maior na área profissional de trabalho: seja sério e conservador, mantenha os sonhos e a paixão no domínio privado. E, no entanto, descobrir a leveza e a ousadia dos seus sonhos e de suas paixões conduz a uma riqueza e realização maiores, a excitantes descobertas e a novos sonhos.

Alinhar-se com o seu propósito ajuda-o a tomar decisões de forma incrivelmente precisa e a causar um inesperado impacto, enquanto envolvido nas atividades comuns.

A Via Negativa

Para conduzir o seu sonho por um caminho diferente, repare no que você nega. Como David Whyte escreve em *The Heart Aroused*, "A Via Negativa é o exercício de se dizer não quando, todavia, não temos certeza das coisas a que poderíamos dizer *sim*... Na contínua expressão do *não*, está uma profunda fé de que o sim irá surgir... *porque,* afinal, já dissemos *não* demais". Isso às vezes significa dizer "não" ao que pode parecer uma grande oportunidade para alguém, mas que, de fato, na sua própria compreensão, não passaria de uma distração para você, que consumiria a sua energia e dispersaria a sua atenção.

Dizer "não" pode significar viver temporariamente com menos dinheiro, menor certeza, menor ilusão de controle; viver por um certo tempo na beira do desespero, até que a próxima etapa da jornada seja revelada. Em *The Book of Runes*, ao descrever o processo de transformação ou das grandes descobertas, Ralph Blum diz: "Em cada vida, surge pelo menos uma ocasião que, se for devidamente reconhecida e avaliada, transforma o curso dessa vida para sempre. Apóie-se, portanto, numa confiança total, mesmo que o momento possa chamá-lo para dar um salto com as mãos abanando no vazio."

Eu havia completado com sucesso o meu segundo ano como consultora. Viajando a trabalho para uma empresa da Costa Leste, fui a Brattleboro, Vermont, visitar velhos amigos. Enquanto contávamos histórias de nossas vidas, Don disse: "Você quer histórias? Podemos lhe contar. No momento, fazemos parte da equipe de um projeto de desenvolvimento gerenciado na Somália. Está interessada?" Eu sorri, e disse: "Bem, mas agora o que temos é fim do mundo! Mas não me tentem. Tenho me sentido meio entediada."

Duas semanas depois, enquanto trabalhava na grande Los Angeles, fiquei chocada com a opulência de certas áreas: o tamanho das casas com seus altos muros e portões ao redor, com a quantidade de Porsches, BMWs e Jaguars nas auto-estradas. Eu pensava em possuir bem mais do que aquilo. Mais especificamente, uma Mercedes conversível ou um casaco de peles russo. Meus negócios prosperavam e não demoraria muito para que fosse possível conquistar para mim aqueles símbolos do sucesso.

Certa noite, assisti ao filme *Gandhi* e fiquei inspirada pela sabedoria e simplicidade retratadas no personagem. Fiquei impressionada pela profundidade e consistência de propósitos que Gandhi desenvolveu ao longo de toda uma vida e pelo impacto que ele, como ser humano, causou e continua a causar. Quando era chamado de visionário, sua resposta era: "Não sou um visionário, sou um idealista prático." Deixei o cinema transformada. Do meu quarto de hotel, liguei para meus colegas em Vermont e disse: "Ok, estou pronta para falar sobre a Somália."

Seis semanas depois, sem saber se algum dia deveria ainda retornar a ela, abandonei a prática de consultorias. Aluguei minha casa, arrumei minhas malas, disse adeus àqueles que amava e embarquei num avião para Frankfurt, Roma e, por fim, para Mogadiscio.

De um pequeno lampejo, a questão do propósito na minha vida tornou-se uma labareda. Não tenho, e jamais terei, uma Mercedes conversível, ou um casaco de peles russo. O que eu tenho, em vez disso, é uma maior clareza acerca do meu propósito e da maneira como expressá-lo e torná-lo uma realidade. Hoje em dia, vejo o meu propósito como o de ajudar a moldar de forma positiva os fundamentos de uma transformação global por meio da descoberta do meu poder pessoal, pelo aprofundamento da minha capacidade de liderança, ao caminhar pela minha trilha espiritual, ao adotar crianças, ao escrever, ao participar de comunidades com as quais me identifico, ao oferecer serviço para projetos organizacionais de mudanças e ao me engajar com líderes de negócios empresariais.

Mantendo o Propósito

Há cinco anos, chegou o momento de partir para o Peru, para encontrar Michael e finalizar o processo de sua adoção. Sendo sozinha, e ao mesmo tempo proprietária e provedora, planejei tudo de forma completa e cuidadosa, consciente de estar assumindo uma grande responsabilidade. Disseram-me que eu poderia resolver tudo entre duas e quatro semanas, mas, conhecendo um pouco da burocracia latino-americana, planejei tudo para seis meses. Nada funcionou da maneira como me disseram que seria. Após doze semanas no Peru, e sem sinais de um final à vista, tive de abandonar meus projetos e ajudar meus clientes a encontrar outros consultores. Passei por um colapso temporário da minha carreira. Cheguei em casa com um menino e com o tempo a meu dispor, mas sem nenhuma renda.

Tomei uma única decisão: manter-me firme no meu propósito. Trabalhei duro para iniciar o Capítulo Minnesota, da Academia de Negócios Mundiais, uma organização alinhada com a minha visão sobre o papel que os negócios têm a desempenhar no mundo. A primeira vez que escrevi para ser publicada foi *When the Canary Stops Singing: Women's Perspectives on Transforming Business.* [Quando o Canário Pára de Cantar: Perspectivas das Mulheres na Transformação dos Negócios]. Embora tivesse preocupações e medo a respeito de como pagar as contas, esse foi um período de profunda capacitação na minha vida.

Nem sempre é fácil manter-se atrelada ao seu propósito e viva na sua paixão. Isso pode parecer pouco prático, inoportuno ou mesmo desnecessário. No entanto, Whyte nos dá um exemplo pungente de uma mulher que notou uma divergência entre a sua vida atual e o seu chamado. Ela escreve:

Dez anos atrás...
Mudei minha direção por um instante
E isso tornou-se a minha vida.

Na liderança, o poder da paixão está fundado na satisfação e na força que surgem ao depararmos com um significado espiritual mais profundo e com um propósito na vida; uma vez encontrado isso, no desejo de mantê-lo, a despeito do sofrimento aparente. Abordar a vida por meio de um significado mais profundo é a sua própria recompensa e maneira de sustentação.

CAPÍTULO 9

O PODER DA INTEGRIDADE

Tudo o que você encontrar
ao longo do caminho
é você mesmo.

— PROVÉRBIO ZEN

Estou contradizendo a mim mesmo?
Pois muito bem, então eu me contradigo.
(Afinal, sou grande e contenho multidões.)

— WALT WHITMAN, "SONG OF MYSELF"

PERGUNTAS PARA REFLEXÃO

1. Que idéias surgem na sua mente ao ouvir a palavra "integridade"?

2. Quais são as suas lembranças de quando sentiu um alto grau de integridade?

3. Como a integridade o apóia na sua caminhada e no seu trabalho?

4. Como líder, de que forma você desejaria usar melhor sua integridade?

5. Neste momento, que direção você está tomando para desenvolver mais o seu poder de integridade?

Ética Pessoal
Coragem
Coerência

ÉTICA PESSOAL

Muito do que *você* considera como "correto" ou ético é produto da sua cultura, comunidade e família. Na verdade, muito do que é ético é relativo, e não absoluto, pois as próprias culturas são relativas.

Alguns amigos relatam a história de um dilema ético com que depararam enquanto serviam nas Forças de Paz. Um garoto feriu seriamente a perna com um facão. A resposta imediata da cultura ética local, estabelecida ao longo de milênios, foi expulsar o menino do vilarejo para que morresse. Incapacitado, ele não poderia sobreviver às dificuldades do povoado, e os outros iriam sofrer da mesma forma se tentassem ajudar ao mesmo tempo o menino e a si mesmos. Esse era o modo deles. Por outro lado, os meus amigos queriam levá-lo às pressas para uma cidade que contava com um hospital, distante algumas horas de viagem. Não podiam ficar parados e observar a vida de uma pessoa se extinguir desnecessariamente — independentemente do que o futuro reservava. Esse era o modo *deles*.

Mas, se o levassem com vida para o hospital, o menino provavelmente perderia a perna. Poderia voltar vivo ao povoado, mas incapacitado. E daí, então, seria expulso novamente. O que fazer? Não havia certo ou errado em termos absolutos. Havia somente o certo e o errado nos termos relativos das culturas.

Entre as culturas, julgar o que é ético ou "íntegro" pode impedir o desenvolvimento das relações, ou mesmo prejudicar o que já foi conseguido. Um exemplo comum da relatividade das culturas aplicada aos negócios globais é o que chamamos de "subornar por debaixo do pano". Em certas culturas, esse costume pode não ser visto como antiético, mas, ao contrário, pode ser considerado prático e sensível, desde que as pessoas saibam o que está acontecen-

O PODER DA INTEGRIDADE

do e tenham, portanto, uma expectativa da situação. O mesmo princípio de concordância tácita sobre o que é considerado ético é exibido em nossa própria cultura, no contexto das negociações entre trabalhadores e empregadores. Cada lado pede mais do que espera obter, sabendo que terá de abrir mão de certas exigências. Isso não é considerado antiético porque é o modo como as coisas funcionam, e cada um compreende as regras.

> *Os fundamentos éticos podem mudar de forma impressionante ao longo do tempo, tanto dentro de uma cultura como em cada cultura em relação às outras.*

Os fundamentos éticos podem mudar de forma impressionante ao longo do tempo, tanto dentro de uma cultura como em cada cultura em relação às outras. Lembre-se da época em que você estava na escola. Receber a ajuda de um colega talvez fosse visto como "colar", algo como uma fraude. Hoje em dia é considerado trabalho em equipe. Os alunos são encorajados a compartilhar seus conhecimentos e habilidades porque passamos a considerar essa prática como valiosa na preparação dos jovens para o ambiente de trabalho emergente.

Sua ética pessoal é exatamente isso: a *sua* ética pessoal. No entanto, usar a sua base ética como um padrão para julgar o comportamento e a integridade dos outros pode conduzir a dificuldades e desapontamentos. Como um exemplo: trabalhei certa vez junto a um alto executivo que, por motivo de extremas divergências, deixara a companhia. Depois da saída, enquanto eu fornecia apoio, fiquei chocada com a sua aparente rigidez acerca do que considerava "ético". Ele relatava como seus colegas não tinham ética, nem princípios ou integridade. Isso pode ter sido uma defesa oportuna para a sua situação, um modo de justificar o ocorrido e sobreviver a ele. Mas, assim como no caso dele, pôr em prática a sua ética pessoal para julgar os outros pode levá-lo à separação e ao isolamento.

Viver em outras culturas pode ajudá-lo a ver a relatividade ética da sua cultura. As experiências de vida ajudam-no a identificar a sua individualidade, a sua base ética pessoal. A consciência de meus direitos e a responsabilidade em determinar minha ética pessoal ocorreram enquanto eu vivia numa cultura islâmica. Enquanto as mulheres muçulmanas eram escondidas da vista dos outros, eu era uma exceção às regras culturais: e, como mulher do Ocidente, sentia-me mais livre para agir como quisesse do que se estivesse nos Estados Unidos. Pela primeira vez na vida, pude escolher se queria e o quanto eu queria me conformar às normas sociais. De fato, eu tinha de considerar as minhas atitudes. Por exemplo, iria ao mercado de minissaia e uma blusa semidecotada, ou me vestiria de uma forma considerada apropriada — ética — para a mulher muçulmana? Lembro de ter-me sentido realmente fantástica ao descobrir como eu estava mais livre dos "será que devo" ou "não devo" dos meus padrões culturais. Era a minha própria autoridade e, com essa liberdade, descobri a "essência" do que era correto para mim.

Eu continuo a deixar bem claro os meus princípios e valores pessoais — e, assim, minha base ética — por meio do modo como defino o meu negócio. O quanto permaneço sintonizada com aquilo em que creio e o quanto elegantemente me modifico à medida que as minhas crenças vão mudando refletem a minha integridade em qualquer momento. Por exemplo, que critérios utilizo para preferir um projeto a outro? Pelo menos três tipos de "testes" de diferentes níveis acabam surgindo: Encaixa-se no meu propósito pessoal? Sofrerei algum impacto? É de fato um trabalho em sintonia com os *meus* talentos e capacidades, ou haveria alguém mais indicado para ele? Finalmente, quando já estou quase decidida e sentada na minha varanda observando o pôr-do-sol, penso se irei me lembrar do trabalho como uma fonte de alegria ou de arrependimento.

Cometo muitos erros, mas geralmente nunca o mesmo mais de uma vez. Certa ocasião, concordei em dar um seminário sobre gerenciamento de tempo — o que não é a minha área — para um grupo de gerentes de uma empresa. O pedido surgiu quando eu estava sem trabalho e necessitava de dinheiro, mas não tinha nada que ver com os meus propósitos e nem com as minhas habilidades. Também não ia de encontro às minhas crenças: não creio que *possamos* gerenciar o aparato a que chamamos "tempo". O tempo é algo que flui. Somente gerenciamos a nós mesmos em relação à aparente passagem do tempo. O seminário não foi um fracasso total, foi apenas espantosamente medíocre. Eu não sabia se tinha causado um impacto positivo e me sentia confusa. Embora não tenha sido realmente útil para a tal empresa, foi uma experiência utilíssima para mim. Lembro-me dela vivamente, e até hoje continua a me servir como parâmetro.

Ética é uma coisa relativa. Integridade é você descobrir e agir a partir da sua base pessoal de valores e princípios. Sua ética interna é o seu guia para atuar neste mundo.

CORAGEM

Vir a conhecer claramente a sua própria integridade proporciona-lhe uma espinha dorsal. Sua coluna vertebral o mantém ereto. Ajuda-o a se manter firme toda vez que se levanta. Como me disse minha colega Kaz, na época em que vivia um dilema ético se deveria ou não enfrentar, e como o faria, uma questão complicada de um projeto: "Quando você toma partido de algo, existem muitas coisas que você não apóia."

> *Você deve saber exatamente o que pessoalmente apóia, estar disposto a permanecer firme, e comunicar com clareza qual é a sua posição.*

Ao se conduzir pelos mundos de hoje e o de amanhã — independentemente de ter ou não uma posição de poder — fortalecer a sua coluna dorsal irá ajudá-lo a manter-se de pé. Para isso, você deve saber exatamente o que pessoalmente apóia, estar disposto a permanecer firme, e comunicar com clareza qual é a sua posição. Isso só será possível quando você estiver convencido disso interiormente. Dispor-se a algo pode ser um risco. Exige o que chamamos de coragem.

A palavra "coragem" vem do francês arcaico *curage,* que significa "ter a força moral ou mental para empreender, perseverar e resistir ao medo, ao perigo ou às dificuldades". Com coragem é possível investir de maneira íntegra naquilo que pode parecer perigoso.

No mundo dos negócios, os riscos em geral são bastante diferentes daqueles que se corre ao se lidar com a fúria das chamas em uma floresta ou de estar a bordo de uma Apolo-13 com problemas. Nessas situações, o risco passa a ser um jogo de vida ou morte. O risco em locais de trabalho, na maioria das vezes, consiste no *conhecimento* das ameaças. O conhecimento do que pensamos pode nos impedir de nos abrir, de fazer perguntas ou de assumir uma posição. Confrontar essas normas e suposições tácitas e fortemente arraigadas requer consciência e coragem.

Trabalhei com uma equipe na busca de fatores de grande influência que pudessem ajudar a produzir uma mudança fundamental no processo de trabalho. Durante as entrevistas preliminares, embora sem perguntar de forma específica, ficou claro que os conflitos existentes no seu relacionamento representavam um obstáculo para se conseguir mais lucratividade. Uma parte desse conflito estava entre os subgerentes e outros membros da equipe. Os demais percebiam seus gerentes escondendo segredos, já que freqüentemente viam os dois juntos sussurrando.

Quando o grupo foi confrontado, os gerentes ficaram espantados com essa idéia de que pudessem estar mantendo segredos. Mas eles mostravam isso. Em suas reuniões de pessoal, o gerente *deles* sempre iniciava seus comentários dizendo: "Isso não é para sair desta sala." Respeitando esse pedido e acreditando ser essa a maneira correta, eles mantinham seus segredos.

É claro que existem muitas coisas nas empresas que — por uma série de razões, inclusive compaixão — são mantidas confidencialmente. "Seria esse o caso nessa situação?", perguntei. "Não", respondeu um gerente. "Bem, algumas coisas sim, outras não." E o outro continuou, "Eu gostaria de reportar tudo ao pessoal. Acho que ajudaria a tornar nosso trabalho melhor. Mas eu me comprometi a manter as coisas em segredo."

Não havia uma resposta "boa". Ambos os gerentes concordavam que não gostavam do que faziam, mas também disseram que jamais haviam questionado isso. Eles admitiram que esse era um problema pertinente a um outro escalão.

Perguntei aos membros da equipe: "Quando essas informações 'confidenciais' vierem à tona, serão novidade para vocês?" A resposta foi um enfático e unânime não. Um deles disse: "Na empresa, as fofocas são o melhor meio de comunicação que possuímos."

A pergunta seguinte foi: "O que poderia acontecer se o gerente fosse questionado sobre o motivo de se manterem determinadas informações em sigilo?" Os dois gerentes resmungaram algo e visivelmente mostraram que estavam com medo. Temiam alguma forma de perda, ou de castigo, por desacato à autoridade. De fato, eles já estavam meio perdidos: estavam separados do resto do grupo e sofriam com as conseqüências que isso acarretava no desempenho de cada um. Decidiram então que poderiam correr o risco, e cada um de nós viu a coragem que era preciso para ajudar o gerente a escolher as informações a serem liberadas.

COERÊNCIA

A integridade e a coragem ajudam-no a seguir o seu próprio espírito, sem hesitação. Ser claro e confiante em seus próprios valores pode ter um impacto significativo nos lucros e na imagem dos seus negócios. Existe algo de especial, extremamente convincente e atraente, que cerca uma pessoa ou um negócio estabelecido numa sólida base de integridade. Esse "algo de especial" é a coerência. Integridade significa conhecer profundamente a sua verdade pessoal. Coragem é como você mostra essa verdade para o mundo. A coerência combina integridade e coragem, crença e comportamento.

Uma forma particular de previsibilidade resulta da coerência. Ela contrasta com a uniformidade ou a rotina porque essa previsibilidade pode ser claramente diferente de uma situação para outra. A consistência pertence mais a um nível de forma ou padrão do que a um nível de eventualidades. É uma correspondência entre palavra e ação, a que normalmente chamamos de cumprir o que foi combinado. Muitas empresas tentam fazer isso e se vêem muito distantes do que pretendiam. Se essa é a sua experiência, pense primeiro em aprender a cumprir o que foi combinado a partir do que realmente acontece — mesmo que saia diferente do que você queria. Ao falar claramente, ao revelar a realidade, essa resolução sua pode ser esclarecedora. E você passa a ver a verdadeira natureza das suas ações coletivas e do seu comportamento. A menos que você verdadeiramente mantenha a sua palavra, você não conseguirá cumprir o que foi combinado de forma habilidosa.

Um departamento estava investigando se a sua estrutura usual estava à altura do modo como o trabalho era feito. Eles chamavam sua estrutura de "equipe-base". Um pequeno grupo pesquisava estruturas desse tipo visitando outras empresas, fazendo entrevistas por telefone e lendo a literatura existente. Ao apresentar um relatório a um grupo maior, alguém disse: "Podemos dizer que somos uma equipe básica, mas ainda estamos organizados como uma hierarquia." "Você sabe", continuou. "Eu não creio que realmente importa saber *como* estamos estruturados. O que importa é que nos tornemos honestos com relação a isso."

Coerência gera confiança. Interiormente, produz uma autoconfiança bastante diferente do ego ou da arrogância. E, por causa dessa confiança interior, faz com que ela apareça também nos outros. Você pode não reconhecer em cada um que encontra aquele que é coerente interiormente, mas, com certeza, é capaz de distinguir uma pessoa cujas palavras e ações não combinam com ela.

Ser coerente permite que você conheça e reconheça intimamente aquelas situações nas quais você é incoerente. Chame a isso de vir a conhecer suas "perfeitas imperfeições". Coerência significa abarcar a totalidade de quem você é e deixar que as suas partes ocultas sejam reveladas.

Naqueles dias, comecei a praticar o "encaminhamento de minhas conversas", diariamente, com meu filho Michael, de 5 anos. O poder da sua verdade voltando para mim de forma tão direta é como um espelho. As crianças — até que aprendam o contrário — são coerentes no que falam, sincera e abertamente. Elas demonstram que tudo muda constantemente; que integridade e coerência não são linhas firmes e desenhadas para sempre na areia. Elas proporcionam, dia após dia, um retorno consistente, forte e revelador, e uma razão para se verificar continuamente em que nos apoiamos.

Isso funciona da mesma forma com as crianças da metáfora mencionada em As Duas Leis Sagradas, discutida no Capítulo 6. No ambiente dos negócios, se você lhes der ouvidos, as crianças que podem ajudá-lo a ver se o seu discurso é coerente, também podem assumir a forma de novas organizações, graduações de mestrado, faculdades em regime de internato, pessoas transferidas de lugar ou um novo grupo empreendedor. São como as crianças em uma família: são habilmente capazes de perceber discrepâncias, fazer questionamentos e oferecer idéias novas e criativas — pelo menos até que se tornem tão aculturadas a ponto de aprenderem que "isso não pode ser feito".

CAPÍTULO 10

O PODER DA AUTENTICIDADE

Uma vez que nossa vida depende dele, sentimos, de forma instintiva, que o coração conserva a essência do nosso ser, o âmago de quem realmente somos. Palavras, pensamentos e sentimentos que dali parecem vir contêm uma verdade e um poder, uma espécie de sinceridade que ninguém pode confrontar. Inúmeros são os ditos populares ao redor do mundo que atestam amplamente a crença de que a sabedoria do coração é, de alguma forma, mais profunda e verdadeira que o conhecimento da cabeça.

— EDWIN BERNBAUM
THE WAY TO SHAMBHALA

PERGUNTAS PARA REFLEXÃO

1. Que idéias surgem na sua cabeça quando você ouve a palavra "autenticidade"?

2. Que lembranças você tem de períodos em que se sentiu especialmente autêntico?

3. Como a autenticidade o apóia na sua caminhada e no seu trabalho?

O PODER DA AUTENTICIDADE 103

4. Como líder, de que forma você desejaria aproveitar mais a sua autenticidade?

5. Neste momento, em que direção está se movendo para desenvolver mais o seu poder de autenticidade?

Auto-referência
Concentração Profunda
Paz Interior

O poder da autenticidade aparece quando se abrem as torneiras do reservatório de sua sabedoria interior. Sabedoria é a capacidade de discernir qualidades interiores e relacionamentos, de compreender suas próprias intuições. Em outras palavras, a autenticidade resulta mais da exploração daquilo que você *realmente* pensa do que dos fatores condicionantes do seu repensar; mais da descoberta do que você *realmente* sente do que da idéia do que você "deveria" sentir; enfim, de se determinar aquilo de que você *realmente* necessita e de perceber o que você deseja *realmente*.

Auto-referência

"Auto-referência", como nos diz Deepak Chopra, "significa olhar para dentro de si mesmo em busca de avaliação e realização. Isso contrasta com os "objetos de referência", que são o olhar para os outros, as experiências, situações e coisas com o objetivo de estabelecer a sua identidade e definir você mesmo e o seu valor. Em resumo, é como fazer-se vítima — tornar-se a própria vítima — do mundo exterior.

Muito do que se escreve para os que se interessam pelo mundo dos negócios é feito de forma impessoal e racional. É algo separado da condição humana. O que eu escrevo não está separado de nada, por isso aparece o meu medo. Ao escrever para um público de pessoas envolvidas em negócios, será que eu tenho de mudar tanto o meu estilo quanto o conteúdo? Ou será que, se eu continuar a escrever por meio de histórias, analogias e experiências, e ao mesmo tempo sustentar que estou escrevendo para um público empresarial, poderia ser rejeitada? A sabedoria convencional nos diz que os bons líderes empresariais são aqueles que mostram objetividade, dureza, racionalidade e possuem uma capacidade de enfocar e resolver problemas "de fora". No entanto, os meus escritos dizem que *temos* de olhar para "dentro", tanto para os problemas quanto para as soluções. E toda vez que vamos para dentro, os problemas e soluções se tornam subjetivos, pessoais, espirituais e relacionados com o sentimento.

Certa vez, um colega me telefonou relatando com alegria que havia lido algo que eu escrevera e como havia sido tocado profundamente pelo que eu afirmava. Ele disse: "Você escreveu da maneira como eu penso e sinto. É libertador para mim, porque estou planejando escrever. Até agora, eu pensava que os meus escritos deveriam ser racionais e abstratos, já que essa é a minha experiência usual ao escrever sobre negócios." E, então, ele acrescentou: "Mas quem você acha que irá ler esse tipo de literatura sobre negócios?"

Autêntico significa real, não imaginário, falso ou imitação. Autenticidade é a verdade pessoal em ação. Ao escrever de forma autêntica, faço isso pelas crianças e por sua causa. Embora elas jamais possam ler o que escrevo, elas são o meu verdadeiro público e os beneficiários que, de uma forma não-linear, tornam-se o meu público final. Escrevo de forma fácil *para* as crianças porque elas gostam de uma boa história, especialmente se já a ouviram antes. Escrevo para elas porque isso é parte do legado da minha vida.

Preocupar-me em como um público de pessoas de negócios, racionais e monolíticas poderiam julgar a minha verdade é algo que me intimida. Leva-me logo a pensar em esconder o que tenho a dizer ou, ainda pior, a não dizer absolutamente nada. Ter como alvo um público exclusivo de leitores tem uma série de qualidades que recomendam essa exclusividade, incluindo a capacidade de usar uma linguagem apropriada, o conhecimento de determinadas sensibilidades e o encontro de exemplos apropriados. Mas esse direcionamento pode significar também a perpetuação de suposições que precisam ser desmascaradas.

CONCENTRAÇÃO PROFUNDA

Estabelecer uma auto-referência é o resultado de estar centrado ou concentrado. Aprender a centrar-se ou concentrar-se é algo que surge naturalmente, como ao se observar uma criança que aprende a andar. Também ocorre ao longo do tempo ao aprender como "dirigir-se para a casa" dentro de você mesmo. Uma prática diária, da melhor maneira que lhe convier, ajuda tanto a restabelecer quanto a aprofundar a sua conexão consigo mesmo. Um método para alcançar o seu ponto de equilíbrio é sentar-se em silêncio. Como Meister Eckhart observou no século XIII: "Nada, em toda a criação, se parece tanto com Deus quanto a quietude."

Eu ouvira falar sobre meditação há alguns anos, mas tinha receio disso. Sendo uma daquelas pessoas que permaneceram à margem da revolução dos anos 60, eu associava a meditação às drogas psicodélicas, à vida em comunidade, à rebeldia e a outros conceitos exóticos. Além disso, eu temia que, meditando, eu pudesse ir a algum lugar e não voltar mais; que pudesse perder o controle.

A quietude é a oportunidade para ouvir a nós mesmos.

Em vez disso, a meditação permitiu que eu me ligasse a mim mesma como um ser humano no dia-a-dia. Sentar em silêncio fornece-me um acesso ao que os Quakers chamam de "a serena e exígua voz interior". Assim, ao sentar-me sozinha em silêncio, ganho uma ligação com o meu ser superior, com Deus, o espírito, o grande mistério ou o que possa ser descrito como uma ligação completa. Essa serena e exígua voz tem vários nomes, mas, ainda assim, todos provêm da mesma fonte. Ela fala a cada um de nós, em nosso interior, todos os dias — quer a ouçamos e apreciemos, ou não. A quietude é a oportunidade para ouvir a nós mesmos.

Um outro método de centrar-se é o de *movimentar-se* silenciosa e calmamente. Um princípio da dança de movimentos do *T'ai Chi Chu'an* é o de se imaginar a parte superior do corpo movendo-se suave e gentilmente — de uma maneira quase que aérea, como as nuvens no céu — enquanto se imagina a parte inferior do corpo firmemente presa à terra, como a prover estabilidade e assentamento. A concentração exigida para mover-se com essa precisão traz a minha atenção consciente para o presente e, por um instante, deixo de lado o passado e o futuro. Movimento-me de um modo diferente, respiro de um modo diferente e penso de um modo diferente.

Centrar-se por meio do silêncio e da quietude, em comunhão com a serena e exígua voz interior, pode acontecer durante as mais comuns de suas experiências: ao observar o sol da manhã tremulando na água azul, ao contemplar a perfeição de um buquê de rosas e sentir seu delicioso aroma, ao ouvir uma música que o sensibiliza, ao fixar a atenção no fogo, ao escutar a chuva caindo no telhado, ao tornar-se uma coisa só com a sua cama, pouco antes de o sono chegar. Todos esses momentos podem trazer uma profunda conexão e centralização. Centrar-se significa diminuir suficientemente o ritmo para testemunhar-se vivendo sua vida ao mesmo tempo que a vive.

Paz Interior

Durante uma faxina doméstica, encontrei o meu retrato de formatura da escola secundária. Ajeitei-o sobre minha escrivaninha. Ao lado, havia uma foto minha atual, para uma correspondência de *marketing*. Passei os olhos por ambas as fotos e fiquei chocada com o contraste. A da escola secundária retrata-me como uma doce menina, sem nenhuma ruga no rosto, cabelos e roupas perfeitamente arranjados. Meu sorriso revela-se gentil. E, no entanto, lembro-me de toda ansiedade, incerteza, inadequação, insegurança e preocupação que eu sentia interiormente. A foto recente fora tirada às pressas, entre deixar Michael sob cuidados alheios e chegar a tempo em uma reunião. Apressadamente, maquiei-me, ajeitei o cabelo e coloquei minha jaqueta, enquanto pensava: "Bem, fique do jeito que ficar!" A foto tirada mostra bem as minhas rugas e imperfeições. Meu sorriso é meio sem jeito, embora genuíno, autêntico, expressando minha alegria interior. Essas duas fotos marcam uma diferença entre a referência externa e a auto-referência na minha vida. É claro que ainda abrigo em mim mesma a adolescente, mas com muito mais experiência e recursos, o que me ajuda a recobrar minha auto-referência quando sou dominada pela referência exterior.

A autenticidade é a sua grande fonte de sabedoria e criatividade.

A autenticidade é a sua grande fonte de sabedoria e criatividade. É também o seu "fio da navalha". O que é autêntico em você assemelha-se às folhas novas de uma árvore na primavera — cheias de vida e rebentando em potencialidades, e, ao mesmo tempo, frágeis e vulneráveis.

A autenticidade — por meio de uma auto-referência, de um estado de equilíbrio e da paz encontrada — expressa o respeito e o amor por você mesmo de maneiras muito diferentes do narcisismo ou de uma auto-absorção. O poder da autenticidade combina os seus poderes de paixão, de sentir-se vivo e de integridade, a fim de produzir o melhor de quem você realmente é. A autenticidade expressa o seu relacionamento consigo mesmo e lhe proporciona mais presteza para aprofundar e servir aos seus relacionamentos e ligações com o mundo à sua frente.

Uma Trilha II

Caminhando com Alguém

Os primeiros quatro poderes, como já observamos anteriormente, têm raízes na sua conversação interior. Os quatro seguintes estão enraizados nas suas *interações* com a vida e na realidade que você testemunha exteriormente. Eles se aplicam ao significado que você estabelece com os primeiros quatro poderes. Esses poderes são a sua manifestação no mundo. Eles dão voz e movimento à sua força e ao seu propósito, iluminam e dão-lhe singularidade por meio dos relacionamentos, da criatividade, dos pontos de vista e do respeito. Esses poderes são:

O Poder de se Relacionar
O Poder da Expressão
O Poder da Perspectiva
O Poder do Respeito

CAPÍTULO 11

O PODER DE SE RELACIONAR

Tentei conhecer a mim mesmo.
De dentro, eu não sabia o que fazer.
Incapaz de ver, ouvi o meu nome sendo chamado.
Então caminhei para fora.

— RUMI

PERGUNTAS PARA REFLEXÃO

1. Que idéias surgem na sua cabeça quando você ouve falar em "relacionar-se"?

2. Quais são algumas das lembranças de quando você sentiu que vivia um relacionamento especial?

3. Como as relações o ajudam na sua caminhada e no seu trabalho?

4. Como líder, o que você gostaria de obter a mais da sua capacidade de se relacionar?

110 LIDERANÇA NUM MUNDO DE DESAFIOS

5. No momento, em que áreas você está se dedicando no sentido de desenvolver mais esse poder?

Vulnerabilidade e Compaixão
O Trabalho em Círculos
Conversação
Reunindo Sabedoria

VULNERABILIDADE E COMPAIXÃO

Uma pergunta que minha mãe sempre fazia quando não gostava de algo que eu havia feito era: "Simplesmente, *quem* você pensa que é?" Minha resposta usual e envergonhada era: "Ninguém." Ninguém, nem sequer um autêntico "alguém". Hoje, no entanto, minha resposta poderia ser "Todo mundo," já que compreendo nossa ligação básica com toda a humanidade. Você e eu estamos ligados um ao outro, independentemente de nos encontrarmos um dia ou não. Vivemos juntos na comunidade humana e somos interdependentes com a comunidade maior da vida.

Em locais de trabalho, estamos sempre nos desapontando, ao perder inúmeras oportunidades de nos ligarmos uns aos outros, desperdiçando assim nosso potencial de realização humana. Algumas vezes, revelar sentimentos, problemas e sonhos no trabalho é visto, na melhor das hipóteses, como fraqueza — e, na pior, como informações que poderão ser usadas mais tarde para nos prejudicar. Outras vezes, deixar tudo de lado para estar presente e atento àquele que é vulnerável é visto como impróprio ou ineficiente. Onde essas premissas imperam, o cenário tende a ser estéril e desprovido da totalidade de nossa vida e daquilo que *realmente* importa. As pessoas podem trabalhar lado a lado e não se dar conta das coisas mais importantes que ocorrem na vida do outro — a morte de um parente, uma criança com problemas na escola, um aborto, um casamento em ruínas. Uma amiga minha, que passava pelo maior trauma de sua vida — fora diagnosticado um câncer — não queria que ninguém no trabalho soubesse. Como podemos criar e permitir esses ambientes de isolamento exatamente nos locais onde passamos a maior parte da nossa vida ativa? E, o mais importante, o que podemos fazer para alterar isso?

Vulnerabilidade e compaixão são interativas e envolvem dar e receber, simultaneamente. Intimidade é permitir que o outro veja, ao mesmo tempo que ele vê a si mesmo. Quando se está vulnerável, e a sua verdade e a sua vida interior são reveladas, abre-se aos outros uma janela para a sua alma. Por meio dela, surge a oportunidade para se tornar conectado. Naturalmente, você corre o risco de se ferir, ser abandonado, motivo de brincadeiras ou ser julgado de alguma outra forma. Isso tudo depende do meio. No entanto, a riqueza da proximidade e da aceitação, quando esta ocorre, pode ser tão satisfatória e mágica que o desejo pela união surpreende e acaba levando consigo as perdas ou os receios.

Compaixão é estar completamente presente, realmente ouvindo e próximo do outro. Com essa presença, dá-se a possibilidade de ver claramente a alma do outro. Aqui, a outra pessoa assume os riscos da vulnerabilidade, enquanto você, na sua compaixão, tem de lidar com os seus medos, seus julgamentos e com as suas tendências de querer "consertá-la".

Nos níveis mais profundos da sua humanidade, existem questões básicas e universais, necessidades e experiências. Vulnerabilidade e compaixão estabelecem um terreno comum entre você e quem quer que seja. Por meio de experiências que provoquem essas situações, você aprende que não está sozinho. As revelações dos outros oferecem uma oportunidade para você desenvolver e expressar empatia e compaixão. Ouvir, traz a possibilidade de validar e tornar mais livre tanto a sua vida quanto a dos outros.

O Trabalho em Círculos

Dependendo dos propósitos de um grupo, podem ser necessários diferentes níveis de intimidade. Determinar o que cada situação requer é essencial. Por exemplo, uma equipe que trabalha na diminuição de erros por meio de um novo processo requer menor troca de vulnerabilidade e compaixão do que uma equipe de força-tarefa em que dolorosas experiências individuais pairam sobre o local de trabalho.

O círculo é antigo e comum na sua relação com os homens. Trata-se de uma estrutura primária de organização: das histórias de caçadores ao redor de uma fogueira às abelhas operárias; das brincadeiras de criança às danças de quadrilha; dos clubes do livro às associações beneficentes. No mundo moderno dos negócios, entretanto, o triângulo tem sido uma estrutura de organização mais familiar do que o círculo, pelo menos até recentemente.

Um modelo recente e muito apreciado nas organizações empresariais são as "equipes autodirigidas". No entanto, se esse "autodirigido" não for corretamente definido, isso pode levar as pessoas novas a trabalhar em círculos e sem expectativas, já que tendem a ver a coisa como "sem gerenciamento" ou como "autônomas". Pode parecer a um observador de fora que a equipe está trabalhando de forma autônoma. Mas, para serem verdadeiramente efetivas, as equipes — não importa que nomes lhes dêem — requerem *mais* interdependência e integração organizacional do que aquelas que têm as estruturas organizadas de cima para baixo. Cada círculo ou equipe é um componente de um sistema mais amplo de círculos interligados. Usando uma analogia, um olho ou uma perna autodirigidos são um problema para todo o seu corpo. Seus olhos e pernas têm funções únicas e independentes, mas que servem a um conjunto maior. Na verdade, isso é *tudo* o que eles fazem. Eles são parte do sistema hierárquico do seu corpo.

À medida que os círculos vão sendo introduzidos nas organizações, há, com freqüência, uma tendência para se pensar em termos de "ou/ou"; vários membros da empresa concluem que a formação de equipes implica a eliminação da hierarquia. Mas, em vez de *ou* hierarquias *ou* equipes, o objetivo deve ser o de encontrar a relação mais produtiva entre as duas formas. A combinação de triângulo e círculo nas estruturas organizacionais é um salto evolutivo para a cultura ocidental. No Ocidente, no mínimo, desde a época das legiões romanas, a hierarquia tem sido o princípio básico de organização para se fazerem as coisas. Equipes têm existido ao longo da história humana, principalmente fora dos locais de trabalho. A mistura de hierarquia com equipes é uma profunda e poderosa mudança para as organizações empresariais. Embora existam modelos que definem trabalhos de equipe e de como elas "deveriam" parecer, as equipes de maior sucesso encontram o seu próprio caminho ao ligar a energia já existente em seus próprios círculos.

As equipes se desenvolvem melhor quando se baseiam em metas claras e comuns, quando se baseiam nas paixões e interesses dos seus membros e no franco entendimento de suas insatisfações, seguido pelo desejo de mudar.

Equipes são um emaranhado de relacionamentos, que, por sua vez, são redes intrincadas, em que cada coisa está ligada a tudo o mais. Não importa de onde você comece, pois acabará tocando todos os aspectos. Assim, os círculos

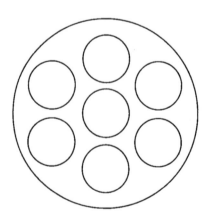

Mito das Equipes Autodirigidas

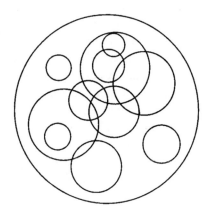

Realidade das Equipes Autodirigidas

estão em contínuo movimento. O progresso ocorre ao se movimentar em meio às interações, cada aproximação chegando mais perto do seu ideal.

Junto à *tarefa* de objetivos comuns, os círculos também precisam de *processos* claros e comuns de acordos e objetivos. Esses processos são como lembretes do propósito. Nas viagens humanas, destinos finais ou perfeitos são artimanhas da ilusão. Você e todos aqueles a quem conhece estão orientados para um único destino individual. Em determinadas épocas, vocês viajam juntos pela mesma estrada, como uma equipe. A estruturação de equipes de trabalho é um processo dinâmico, uma expressão em contínua evolução da interação humana. Tentativas de "alcançá-la" ou cristalizá-la no tempo, no espaço, na associação ou nos outros atributos físicos podem levar sua natureza inconstante e frágil ao desmoronamento.

Conversação

Uma das possibilidades mais poderosas que os círculos compartilham é a de desafiar premissas de forma coletiva por meio de um engajamento no diálogo ou de uma conversa franca e perspicaz. Naturalmente, esse tipo de conversa não é coisa nova. O que é novo são os contínuos fóruns de trabalho para essa finalidade.

Um departamento de sistemas com mais de cem pessoas, procurando espelhar de forma orgânica o trabalho que realizavam, organizou-se numa rede de equipes autodirigidas. Como os gerentes não queriam interferir no desenvolvimento das equipes, acabaram por se distanciar delas. Fizeram isso com a melhor das intenções, mas antes de estarem prontas; em conseqüência, várias equipes se sentiram abandonadas. As pessoas reconheceram a necessidade de aprender mais do que lhes era exigido e que deveriam buscar uma maneira melhor de trabalhar juntas. Estabelecemos, então, um processo contínuo de conversas entre gerentes e subordinados. Nosso primeiro acordo foi o de nos reunir três vezes para então avaliar. Alguns, principalmente certos gerentes, achavam que sentarem-se juntos por meio dia uma vez por mês seria perda de tempo, sem nenhum resultado concreto. Apesar disso, todos concordaram em se dar uma chance e experimentar. Exploramos alguns instrumentos que ajudassem a delinear as paredes de um contêiner e a estabelecer um propósito. Como exemplo, usamos os princípios de Angeles Arrien, descritos em *The Fourfold Way*, para estabelecer as regras de um diálogo. São eles:

- Apareça.
- Preste atenção no que é essencial e tem significado.
- Fale a verdade, sem culpa ou julgamento.
- Esteja aberto, em vez de se prender a resultados.

Havia dois motivos para o diálogo: fazer com que as pessoas verdadeiramente ouvissem umas às outras e buscassem se entender mutuamente por meio de um diálogo exterior; e, para que cada um, que explorasse suas premissas pessoais, "ouvindo" mentalmente a sua conversa e a dos outros. Usamos escada da dedução como um meio de descrever a força dessa conversa interior.

Uma conversa curiosa e engraçada tomou conta do grupo, quando foi respondida uma pergunta de um funcionário, a respeito de como os gerentes decidiam com quem ficavam as tarefas mais "interessantes". O mais importante, contudo, foi isso revelar um indício de que o grupo poderia mudar a partir daquele momento.

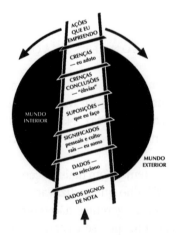

Escada das Deduções

O ponto de vista dos funcionários era o seguinte: "Vocês se reúnem a portas fechadas enquanto fumam seus charutos e desenvolvem um 'plano de batalha' de longo alcance. Esse plano irá determinar o destino de nossas carreiras, mas, simplesmente, não sabemos até agora de que se trata." Quando ouviram isso, os gerentes ficaram boquiabertos. Um, então, disse: "Eu gostaria que fôssemos tão organizados! Não temos nenhuma idéia de quem irá fazer o quê. Nem mesmo sabemos que tarefas são as mais interessantes ou quando irão surgir. Geralmente o que acontece é descobrirmos, numa terça-feira, que precisamos de alguém no Japão na sexta. Pegamos então a relação e buscamos quem poderia estar apto, quem poderia deixar de lado o que está fazendo, que família poderia lidar com a separação..." As regras "puras" do diálogo ficaram pelo caminho e nada se perdeu naquele momento iluminado, em que uma premissa implícita surgiu da parte dos gerentes — "Espere aí!", interferiu um empregado, "Quer dizer que vocês decidem, baseados no que sabem da situação das nossas famílias?" "Bem, esta parece ser a coisa boa e correta de se fazer, sim", respondeu outro gerente.

O que ocorreu, de fato, foi uma discussão entre o que os gerentes chamavam de "bom e correto" e o que os funcionários julgavam como apadrinhamento e controle. O resultado foi que os gerentes, sentindo um certo alívio, concordaram em aprender com os funcionários a respeito de tarefas "interessantes" e, sempre que possível, a incluir mais empregados nas futuras decisões com relação à distribuição de tarefas entre o pessoal.

Como eu disse anteriormente, os participantes dessa conversa concordaram em fazer essa experiência em três sessões. Durante a terceira sessão, todos sentíamos como se alguma coisa significativa tivesse acontecido. Todos queriam continuar. Especialmente gratificante foi ouvir aqueles gerentes que antes imaginaram a coisa como uma perda de tempo. Como um deles comentou, "Quanta coisa aconteceu nessas reuniões, aprendi um bocado sobre como os funcionários vêem as coisas". Um outro levantou a questão: "Como podemos ter mais empregados envolvidos?"; e continuou dizendo: "Sinto-me como se tivesse ganho muito mais confiança em vocês. E quero mais."

Nenhuma agenda havia sido planejada de antemão. Nenhum resultado específico foi exigido. Apenas uma oportunidade de se sentar em círculo e engajar-se numa conversa séria e aberta a respeito de como fazer as relações funcionarem da melhor maneira, como tornar o local de trabalho mais satisfatório e como fazer do presente e do futuro um esforço mútuo.

REUNINDO SABEDORIA

Olhar com profundidade os problemas, as perguntas e as propostas, para tomar decisões de uma maneira disciplinada, pode ser difícil e extenuante. Para aqueles que estão começando, as pessoas têm opiniões e julgamentos pessoais divergentes. Às vezes, as personalidades entram em choque, e alguns são mais habilidosos do que outros para ouvir e influenciar. O que exponho a seguir é uma possibilidade para que se consiga o melhor resultado possível, esteja você liderando um grupo ou participando como um membro.

Esta possibilidade está no processo ensinado por Águia do Vento e Falcão do Arco-íris, professores do EHAMA, Institute of Los Gatos, na Califórnia. Nele, existem oito perspectivas, baseadas nas oito direções de um círculo chamado "A Roda dos Remédios". Uma filtragem ao final, que consiste em dois princípios essenciais denominados As Duas Leis Sagradas, inclui o Fogo das Crianças como elemento central. (Os dois princípios essenciais estão descritos no Capítulo 6, *Bridge People* ou "Elos de Ligação".) Esse processo pode ser usado para se reunir sabedoria e informação em questões desafiadoras, bem como para se tomar decisões de consenso que sirvam melhor a cada um.

Consenso não quer dizer necessariamente concordância.

Meu desejo inicial foi o de falar sobre a Jornada do Conselho, descrevendo o conteúdo desse ensinamento tal como o recebi. Mas havia uma inquietação a respeito do que eu estava apresentando e de como eu apresentava o problema. Minha experiência havia sido muito rica; no entanto, quando a colocava no papel, parecia limitada a uma só direção. Pedi então a Águia do Vento e a Falcão do Arco-íris que revisassem o meu rascunho. Pelas suas respostas, compreendi melhor a minha insatisfação. Eles escreveram de volta, "Nossa sugestão é a de... não tentar apresentar propriamente o ensinamento, mas, de alguma forma, tentar falar do que a inspirou, estimulou ou de algum modo tornou claro... A razão pela qual não aconselharíamos apresentar o ensinamento propriamente dito é que a experiência é fundamentalmente importante para o aprendizado e a integração. Gostaríamos de encorajar as pessoas a buscar a experiência real em vez de ler sobre ela".

Um resultado da minha experiência com o processo de conselho é que ele redefiniu para mim o "consenso" como sendo mais do que se chegar a um acordo; e, caso não haja acordo, pelo menos a aceitação de todos de que podem viver com os resultados. Na verdade, compreendi que consenso não quer dizer necessariamente concordância. Para um consenso funcionar, tem de existir a aceitação de que um resultado sem consenso seja aceitável. Diferenças consideráveis podem existir quando um grupo se reúne em conselho. Uma sabedoria coletiva só pode vir à tona quando existe uma aceitação das diferenças e discordâncias. Citado num artigo de Peter Carlin intitulado, "How to Make a Decision Like a Tribe", Águia do Vento observa: "Se existe um acordo, ótimo. Se existe discordância, pelo menos fomos a fundo e podemos determinar o que realmente existe. Esse não é um processo a respeito de posições, e sim a respeito de pessoas... Ele cria relacionamentos, estabelece ligações e respeito. Quando você fala e discorda de mim, eu valorizo a sua opinião. Se pudermos viver dessa forma, seremos mais sábios nas ações que decidirmos."

O Conselho de Diretores da World Business Academy adotou a Jornada do Conselho em nosso encontro de retiro anual. Formamos um círculo sagrado ao nos juntarmos com compromisso, sinceridade e respeito mútuo de uns pelos outros e pelo processo. Ao nos sentarmos juntos, surpreendi-me fazendo julgamentos baseados nas minhas experiências anteriores com as pessoas, em vez de observar e ouvir as convicções puras e genuínas de cada um. À medida que uma sabedoria ia se acumulando ao redor do círculo, para minha surpresa, fui ficando cada vez menos presa aos meus pontos de vista pessoais e experimentando uma abertura crescente de confiança no coletivo. Para mim, o processo de conselho serviu como um meio de promover confiança e integridade em grupo.

Para que o processo funcionasse bem, cada um de nós ali sentado concordou em participar de muitas maneiras específicas e de aderir a uma estrutura particular. Cada um de nós concordou em:

- Representar uma das oito perspectivas.
- Representar, direta ou indiretamente, a perspectiva indicada ou escolhida para *todos* os envolvidos. Nesse caso, os membros, a diretoria, membros em potencial e famílias.
- Estimular a todos, cada um no seu papel, a trazer à tona a sabedoria da sua perspectiva de forma total e com integridade, sem ligar para preconceitos pessoais.
- Ouvir profundamente, de cada uma das perspectivas quando demonstradas, aquilo que possui sentimento e significado.
- Respeitar o "pensamento coletivo" à medida que ele se desenvolve e assegurar o resultado alcançado como algo coletivo.

Como diz o Falcão do Arco-íris em "How to Make a Decision Like a Tribe", "Quando o conselho se reune, ocorre um processo cumulativo e não simplesmente um debate. Participar do conselho significa caminhar na direção do todo. Cada pessoa acrescenta algo e, à medida que as contribuições são dadas, o contêiner de sabedoria vai ficando cheio".

Depois que toda a sabedoria foi coletada, um dos três resultados aparece:

- O consenso se torna evidente por si só, não por uma opinião pessoal ou pela influência de alguém, mas pela sabedoria agregada e filtrada pelos princípios essenciais. Então, um passo pode ser dado numa determinada questão; *uma decisão pode ser tomada* em relação a uma proposta.

- Fica evidente que as informações e a sabedoria disponíveis são insuficientes para se alcançar um consenso. Resta, então, *uma questão em aberto,* e o grupo pode concordar em juntar qualquer informação adicional que seja necessária.
- A questão ou proposta não passa pelo teste das Duas Leis Sagradas do Fogo das Crianças que está no centro do círculo. É então considerada "morta" para uma direção ou decisão a ser tomada.

Um processo como esse requer algum tempo e uma orientação para se aprender e colocá-lo em prática, como em qualquer aprendizagem nova ou o desenvolvimento de uma habilidade. Como um grupo, isso se torna mais fácil, e, na maioria dos casos, o tempo necessário diminui. Dentro de um contexto de trabalho, por exemplo, todas as questões e propostas estão ligadas umas às outras. Você pode adaptar um conhecimento a uma nova questão simplesmente atualizando e somando ao que já existe como resultado de questões anteriores. Em outras palavras, depois de algum tempo trabalhando juntos, é possível juntar conhecimento e sabedoria ao seu grupo de maneira informal — nos corredores, durante um almoço ou enquanto espera por uma xerox na copiadora.

George McCown, da McCown De Lueew, e presidente do Conselho Administrativo da World Business Academy, introduziu o processo de conselho nas empresas do seu grupo financeiro. Ele descobriu que a promoção dessas reuniões oferece uma maneira para que os sócios sejam ouvidos, ao mesmo tempo que todos os lados de uma questão vêm à tona, assim como quaisquer diferenças que possam surgir. "Quando estamos diante de uma questão real-

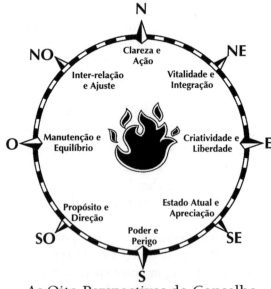

As Oito Perspectivas do Conselho

mente difícil de se lidar, entramos em processo de conselho." "Isso é uma daquelas coisas raras na vida em que as pessoas imediatamente 'são apanhadas em cheio', causando impacto num nível muito profundo. E permite a você não somente descer do pedestal da sua opinião, mas também conhecer a posição de alguém mais. Quando um grupo se decide realmente a investir num processo de conselho, ele pode obter resultados verdadeiramente extraordinários e altamente criativos."

Reunir-se formalmente em conselho é uma maneira de se aprender, de transformar as diferenças em bens comuns, de abordar e conseguir consenso, de tomar decisões baseadas num compromisso e de fazer crescer a confiança entre os membros de um grupo. Por esse meio, tem-se a oportunidade de experimentar novas possibilidades, novas relações; de abordar crenças limitadas e preconceituosas; assim como de aumentar os níveis de integridade, de equilíbrio e de criatividade de suas decisões, tanto individualmente quanto em termos de organização.

Vulnerabilidade e compaixão, conversas e reuniões em conselho são exemplos de ingredientes primários para se desenvolver um círculo bem-conectado. Ajudam você a encontrar uma base comum. Quando essa ligação acontece, você a reconhece, por exemplo, da mesma forma como reconhece que determinadas contas isoladas formam um colar graças apenas ao fio que as une. Elas formam o colar que você vê, mas somente porque existe um fio que as une. É esse tipo de conexão que penetra fundo no nível de nossas almas. Processos em grupo com alta integridade fornecem um resultado palpável e concreto; além daquele gratificante resultado aparentemente impalpável e invisível do parentesco e da camaradagem humanas.

CAPÍTULO 12

O PODER DA EXPRESSÃO

... Comece fazendo coisas que você imagina que podem ser feitas e comece a ser aquilo que você pensa que a sociedade poderia se tornar. Você acredita em liberdade de expressão? Então fale livremente. Você ama a verdade? Então diga-a. Acredita numa sociedade aberta? Então atue abertamente. Acredita numa sociedade humana e decente? Então comporte-se humana e decentemente.

— ADAM MICHNIK, UM ARQUITETO DO
MOVIMENTO POLONÊS DE SOLIDARIEDADE

PERGUNTAS PARA REFLEXÃO

1. Que idéias surgem na sua cabeça quando você ouve a palavra "expressão"?

2. Quais são algumas das lembranças de quando você achou que se expressava de um modo especial?

3. Como a sua expressão o apóia na sua caminhada e no seu trabalho?

O PODER DA EXPRESSÃO

4. Como líder, o que você gostaria de conseguir a mais do seu poder de expressão?

5. No momento, em que você está tentando aprimorar o seu poder de expressão?

Falando a Verdade Pessoal
Aprendizagem Produtiva
Manifestação

FALANDO A VERDADE PESSOAL

Muitas mensagens de organizações sugerem que você não diga a verdade tal como você a vê. Por que existem essas limitações? Por que concordar com elas?

Em *A Wizard of Earthsea*, o primeiro livro da sua "Earthsea Trilogy", Ursula LeGuin escreve a respeito de um jovem que está estudando para se tornar um mago. Uma etapa da sua jornada de aprendizagem consiste em viver junto e aprender com diferentes mestres da magia. Um determinado mago é aquele que dá nome às coisas; dele o garoto aprende a dizer, com reverência e sabedoria, os nomes "verdadeiros" de todas as coisas. O mago ensina ao menino que o ato de dar nome tem um enorme poder, pois, quando dizemos o nome real de alguma coisa, esta já não tem mais poder sobre nós. Dar nome dissolve o medo.

Como já disse anteriormente, um dos meus medos é o de ser vista como uma tola. Este é um livro sobre negócios e, no entanto, tem muito pouco de objetivo ou racional. Portanto, neste momento, sinto o medo dos julgamentos estereotipados dos "verdadeiros" homens de negócios. Um dia, quando lutava para escrever de forma honesta em meio ao medo, abro na sessão de auto-ajuda do jornal e leio: "Pessoas esclarecidas aprendem muito com os tolos!" "Sim", penso comigo mesma, "mesmo que eu ache uma tolice, posso falar do que é verdadeiro para mim."

O medo de ser castigado ou rejeitado, na melhor das hipóteses, esconde um enorme potencial para a criatividade e a conectividade; nas piores condições, o medo extingue totalmente esse potencial. Um modo de controlar os outros no local de trabalho é julgá-los tolos, incompetentes e ignorantes. Mas isso funciona somente se as pessoas julgadas aceitarem isso e limitarem-se a si mesmas.

Uma considerável energia criativa pode ser perdida ao se esconder a verdade.

Para descobrir onde você se controla, se limita, ou cede, é preciso descobrir com que tipos de suborno você lida ao deparar com a verdade que lhe causa dor e infelicidade. Um deles pode ser a ligação íntima que você estabelece com aqueles que experimentam um sofrimento semelhante. Esse tipo de ligação, no entanto, é baseada naquilo que *não* funciona, em vez de se basear naquilo que realmente funciona. Uma considerável energia criativa pode ser perdida ao se esconder a verdade, ao se tentar caminhar pisando em ovos; preocupar-se com o que *poderia* acontecer e, então, ficar zangado, quando nada na verdade acontece. Entretanto, é impossível que aqueles que você julga como sendo a causa da sua dor possam mudar se não estiverem cientes do seu impacto sobre você.

Imagine que exista uma série de silenciosos e invisíveis arcos à sua frente. Esses arcos representam os seus valores, seus princípios éticos e as coisas que você deseja e espera de um relacionamento. Em geral, na nossa cultura de trabalho, não costumamos dizer aos outros o que são esses arcos. Os que conseguem pular essa barreira tornam-se amigos ou colegas de confiança. Os que não conseguem, acabam rejeitados ou como adversários. Trabalhar com alguém desse tipo, geralmente acarreta um relacionamento tenso ou volúvel. Todavia, se você for capaz de articular os arcos que estejam faltando, e tão logo consiga identificá-los, terá mais opções para o relacionamento.

Eu estava em conflito com os outros num grupo do qual faço parte. Fiquei zangada quando o comportamento das pessoas continuou de uma forma que eu não gostava, especialmente com a pessoa que estava à frente do grupo. No entanto, eu evitava dizer-lhe isso pessoalmente, pois temia o seu estilo exasperado. Reclamei com uma amiga, também integrante do grupo, que se solidarizou comigo. Tornamo-nos íntimas na nossa infelicidade e frustração. De vez em quando uma ou outra arriscava uma incursão ao centro do que chamávamos de tempestade, mas nunca por muito tempo. Finalmente, veio o momento em que tive a oportunidade de dizer tudo claramente. Para meu espanto e surpresa, não é que o líder do grupo se desculpou? À medida que o tempo foi passando, senti mudanças positivas no meu relacionamento com ele. Nesse meio-tempo, minha confidente também já se manifestara e, como resultado, tivemos de buscar outras bases para o nosso relacionamento. Hoje em dia, nossa ligação é menos intensa e mais a respeito de futilidades.

Lembra-se dos comerciais Rolaids? Eram a respeito da busca de um alívio temporário; *aderir ao contrário*, em vez de falar diretamente, é buscar um alívio temporário. Aderir ao contrário ajuda-o a se sentir menos isolado. A pessoa sente-se bem por alguns instantes, mas o problema inevitavelmente reaparece. Mesmo assim, sob a superfície, você continua a sentir a cólera, o medo ou a ansiedade que resulta num sentimento de isolamento. Rolaids não lida com a causa; simplesmente alivia os sintomas. Assim também ocorre ao se aderir ao contrário.

Em vez de se apoiar num alívio temporário, busque uma dieta saudável. Em outras palavras, procure e trate das causas do problema, em vez, de procurar e tratar os sintomas. O ciclo da dieta saudável pode começar da mesma forma que o ciclo do alívio temporário: com uma sensação de isolamento por causa de algo que já tenha acontecido. Mas a próxima etapa é *ligar-se diretamente com* quem quer que esteja envolvido. O resultado é uma oportunidade para que os sentimentos se completem e se resolvam. No entanto, complementação ou resolução podem não ser sempre aquilo que você deseja ou espera que seja. Você não tem o direito de controlar o outro com a sua verdade pessoal e, sim, apenas o de falar a respeito. Mas, não importa o resultado, o "ambiente" é sempre mais claro e fresco. Existe a possibilidade de uma ligação direta. Se não com os outros envolvidos, no mínimo você pode sentir uma ligação renovada consigo mesmo, ao se posicionar para falar a sua verdade.

Quando você ouve de verdade, tem um vislumbre do coração e da alma do outro.

É muito bom ser capaz de falar de um modo que os outros possam ouvir. A sua verdade permite que os outros vejam dentro do seu coração; abre uma janela com vistas para a sua alma. O contrário também é verdadeiro, naturalmente. Quando você ouve de verdade, tem um vislumbre do coração e da al-

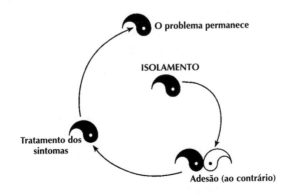

Rolaids

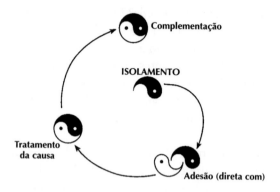

Dieta Saudável

ma do outro. Não importa o impacto e a inconveniência, a interação de falar diretamente com o ouvir profundamente é decisiva para que haja uma ligação.

Quando se cometem erros — como o de ofender ao tentar falar diretamente ou de se defender, em vez de ouvir corretamente — ter a habilidade para se recuperar é essencial. Você pode tentar dar uma parada, reorganizar-se, e respirar fundo, antes de recomeçar. Mas o primeiro recurso permanece o mesmo: continuar a falar a sua verdade e, por outro lado, ouvir a verdade do outro. Sente-se triste por estar zangado? Então conte isso. Sente-se embaraçado pela sua falta de jeito? Diga isso. Quer ser perdoado? Diga também. Recuperar-se de erros, desconfortos ou desavenças é mais importante do que fazer a coisa "certa", mais importante do que estar correto, ou do que pensar da mesma forma.

Buscar se recuperar nem sempre é necessário. No entanto, é preciso, toda vez que se quer demonstrar interesse pelo relacionamento; apreço e confiança na outra pessoa; sua confiança de que, juntos, vocês são bastante capazes de descobrir como seguir em frente.

Dizer a verdade serve como um filtro eficiente que congrega espíritos semelhantes. Reconhecemos a verdade em cada um dos outros da mesma forma que reconhecemos a sua integridade. A verdade é uma expressão da integridade. Espíritos semelhantes podem concordar ou mesmo revelar consideráveis diferenças de valores e opiniões. A conexão entre eles baseia-se na autenticidade e na verdade pessoal.

APRENDIZAGEM PRODUTIVA

O livro de Peter Senge, *The Fifth Discipline,* trata da criação de "organizações de aprendizagem". Uma distinção é feita entre aprender "produzindo" e aprender "adaptando". A aprendizagem adaptada baseia-se na sobrevivência. A produtiva cria o futuro. A aprendizagem produtiva é tanto a motivação quanto o resul-

O PODER DA EXPRESSÃO

tado da criatividade individual e em grupo. Para se engajar criativamente, é preciso primeiro identificar as premissas tidas como verdadeiras do seu local de trabalho. Então você tem de investigar para ver quais são as que limitam a sua capacidade de aprender de forma produtiva.

Um exemplo de premissa que nos limita globalmente é a recém-popularizada palavra "sustentabilidade". "Sustentar" não é uma palavra que denote esperança ou criação. Significa "manter", "escorar", "reforçar". Uma palavra alternativa, do tipo mais produtivo, seria "viabilidade". Viável significa "estar vivo", "vital", "próspero". Sustentabilidade faz muito pouco para associar a ela imagens profundas de algo bem-sucedido. Ela se detém nas noções de sobrevivência, porque implicitamente, requer um aprendizado de adaptação ou de sobrevivência, em vez de um aprendizado de criação ou de produção.

Como em dizer a verdade e tomar uma posição, existem riscos quando nos engajamos firmemente numa aprendizagem produtiva. Algumas vezes, por exemplo, isso leva-nos a ver o jardim de uma forma inteiramente diferente. Isso resulta na criação de novas forças, de novas formas, de novos sistemas e de novas formalidades. Além do mais, junto ao novo surge o caos — pelo menos por algum tempo.

Você é feito para aprender e criar. Tudo o que você faz é aprender e criar — uma coisa ou outra, útil ou inútil, agradável ou não. Essa é a natureza da forma humana. Por meio dos seus pensamentos, das suas emoções, dos seus desejos e paixões e das suas ligações com os outros, você aprende e cria. Portanto, é fundamental pensar de forma consciente naquilo que você *deseja* criar, assim como no porquê e no como criar. Qual o seu propósito em criar? Seja claro, e a sua clareza poderá servir como um farol para a sua criatividade, proporcionando-lhe um foco de atenção, uma direção, e um brilho.

MANIFESTAÇÃO

No filme *Apollo 13,* depois de uma festa para assistir Neil Armstrong caminhar na Lua, o personagem de Jim Lovell diz à esposa: "Agora vivemos num mundo onde o homem caminhou na Lua. Isso não é um milagre. Simplesmente nos decidimos a ir."

As idéias se tornam "reais" quando as manifestamos no mundo físico. Todo resultado palpável da criatividade humana foi no início um sonho ou uma idéia. Utensílios da Idade da Pedra e computadores, jardins e pratos da gastronomia; planos estratégicos e novos produtos; filhos e trabalhos de arte. Tudo isso é resultado da criatividade humana.

Enquanto eu trabalhava para uma empresa da *Fortune 100,* tive uma oportunidade de visitar o seu presidente. Respondendo à sua indagação, relatei minha visão para um mundo mais viável. Depois de algum tempo, ele me perguntou: "Diga-me: você espera terminar a sua tarefa em vida?" A pergunta me deixou quase que sem ar; *finalização* nunca havia me ocorrido até aquele momento. Todavia, ajudou-me a compreender mais profundamente o trabalho e a ênfase dele na manifestação física; de deixar para trás de si um legado concreto, completo.

Aqueles de vocês que já construíram uma casa puderam ver seus sonhos ganharem forma física. Viram um sonho que, em algum momento, pode ter sido considerado impossível, tornar-se uma idéia. A idéia então ganhou desenhos e plantas que, por sua vez, se "desenvolveram" em matéria-prima. Esta, quando integrada, passa a ser uma estrutura completa. Finalmente, esses materiais integrados, chamados de "casa", transformam-se num lar quando você coloca nele algo de si mesmo. Talvez acenda o fogo na lareira, ponha uma música no ar, brinque com as crianças no quintal, cozinhe com seus temperos prediletos e produza aromas deliciosos, percebidos e apreciados muito além das suas janelas. Embora sua casa tenha se tornado fisicamente real, ela começou como uma idéia na sua mente.

Falar a sua verdade pessoal e demonstrar uma ação criativa, por meio de uma aprendizagem e da sua colocação em prática, são formas básicas de oferecer seus talentos e habilidades individuais ao mundo.

CAPÍTULO 13

O PODER DA PERSPECTIVA

Mamãe, por que é que eu tenho de ser pequeno antes de poder ser grande?

— MICHAEL ABELARDO SHIPKA

*Sempre imaginei que deveria haver um manual dirigido às crianças pequeninas, que lhes dissessem em que tipo de planeta estão, por que é que não caem dele, por quanto tempo provavelmente estarão por aqui, como evitar o veneno das heras... Tentei escrever um, certa vez. Dei-lhe o nome de **Bem-vindo à Terra**. Mas eu me dei mal ao explicar por que não caímos do planeta.*

— KURT VONNEGUT, JR.

PERGUNTAS PARA REFLEXÃO

1. Que idéias surgem na sua cabeça quando você ouve falar em "perspectiva"?

2. Quais são algumas das lembranças de quando você sentiu que havia uma perspectiva?

128   LIDERANÇA NUM MUNDO DE DESAFIOS

3. Como a perspectiva o apóia na sua caminhada e no seu trabalho?

4. Como líder, o que você gostaria de conseguir a mais de uma perspectiva?

5. No momento, em que você está tentando aprimorar a sua perspectiva?

Ampliando o Contexto
Cultivando um Campo de Visão
Pensamento Holístico

AMPLIANDO O CONTEXTO

Aconteceu logo depois da hora do almoço. O sol estava impiedoso e nós havía-mos caminhado por horas sob o esplendor dos templos de Luxor. "Está muito quente e eu estou cansada", disse Aida. "Vamos voltar para o nosso hotel." As-sim, nós três, todas professoras de uma mesma escola em Beirute, alugamos um pequeno carro puxado a cavalo. Enquanto seguíamos nosso caminho para o sul, ao longo do rio, o motorista egípcio e minhas amigas, que falavam o árabe nativo da região, entabularam uma conversa. Embora eu geralmente gostasse de participar, mesmo com o meu árabe rudimentar, dessa vez deixei a minha mente divagar para um lugar qualquer.

Mais tarde, bastante encantadas, Aida e Shaheen contaram o que havia acontecido. "O motorista queria saber o tamanho que o rio Nilo tem no lugar de onde você veio, Barbara", disse Aida. "Shaheen disse-lhe que o rio não cor-re por lá. Ele ficou muito espantado ao ouvir isso e, depois de relutar bastan-te, perguntou para ela: 'Mas como as pessoas podem *viver* sem o Nilo?'"

Depois de refletir sobre esse episódio por alguns dias, concluímos que tal-vez a sua pergunta não fosse tão engraçada assim. Para qualquer direção por onde viajasse, ele era sempre associado à imagem do Nilo. Fosse para os deser-tos mais estéreis ou para povoações verdejantes e exuberantes, como a sua. To-do o seu mundo dependia do Nilo: ele vivia graças ao rio ou morreria sem ele.

Muitas pessoas de diversas partes do mundo visitam Luxor emocionadas. Muitos visitantes não falam o idioma árabe. Assim, a exposição do nosso motorista para muito mais pessoas permaneceu limitada. De fato, com tantas pessoas visitando Luxor, ele podia até concluir que vivia no próprio centro do universo. Afinal de contas, pessoas de toda parte do mundo vinham para onde *ele* se encontrava.

Ele não está sozinho ao sustentar essa visão. A orientação de se estar no centro do que importa tem pouco que ver com a linguagem, educação ou classe social. Ainda que eu e você tenhamos muito mais experiência com mapas, fusos horários, distâncias e culturas do que o nosso motorista, também agimos como se onde quer que estejamos fosse o centro. Mantemos essa noção até que mudemos conscientemente a nossa atenção para encarar uma realidade maior.

O centro do universo se estende muito além do seu endereço e das rotas que você percorre nas suas tarefas diárias. Para desenvolver uma perspectiva holística, você tem de, conscientemente, optar por observar mais do que eventos individuais, ouvir mais do que o nível literal das palavras meramente ditas.

Ao ampliar o seu contexto, você ouve visando a *essência* e o *significado*, aquilo que está atrás e adiante de meras palavras ditas de forma literal. Ao perguntar "De que tamanho é o Nilo onde ela mora?" o motorista está de fato perguntando: "Qual é a fonte-d'água-que-mantém-a-vida no lugar de onde ela vem?"

Cultivando um Campo de Visão

Ao se concentrar num determinado ponto de vista, geralmente as coisas parecem mais complicadas, mais esmagadoras, e mais difíceis de serem solucionadas do que precisam ser. Desenvolver um "campo de visão" mais amplo pode resolver muitos paradoxos e tornar mais fáceis coisas que parecem complicadas.

A Guerra dos Seis Dias e a do Yom Kippur marcaram o fim dos meus dias no Líbano, embora todo o tempo em que lá estive eles estivessem em conflito. Aida, que era palestina, tinha pontos de vista políticos bastante fortes, alguns dos quais acabei adotando por sermos muito próximas. Certa vez, ela me convidou a passar o final de semana junto com outros amigos nossos no lugar onde ela nasceu. Ficava ao sul, ao longo do que era então a fronteira com Israel. Por ser uma área restrita, tive de obter permissão do governo; passamos por diversos postos de vistoria ao longo do caminho. Chegamos já tarde da noite, sob um céu estrelado e sem Lua; montanhas roliças cobertas de oliveiras marcavam o horizonte escuro. Imaginei-me numa cena bíblica de uma noite tranqüila, não muito diferente do que Jesus possa ter experimentado.

A exceção ficava por conta de uma coisa: a eletricidade. Salah, o irmão de Aida, apontou para os diversos vilarejos que povoavam a paisagem e perguntou: "Você vê que em alguns lugares as luzes são amareladas e em outros brancas? A amarela é a luz incandescente dos vilarejos árabes — tanto no Líbano quanto do outro lado da fronteira com Israel — e as brancas são as luzes fluorescentes dos novos povoados israelenses." Elas pareciam estar pacificamente misturadas. Mas, na manhã seguinte, minhas ilusões de paz e serenidade se estilhaçaram. O que havia sido escondido pela escuridão da noite eram os tanques, as trincheiras, os fios de arame e os soldados em formação, todos do outro lado no horizonte, próximo ao cume das montanhas.

Poucos anos depois, viajei para Israel, onde fiquei hospedada com uma família em uma *moshav* ou fazenda comunitária nas colinas de Golan, próximo à fronteira do Líbano. Eva, a minha anfitriã, e o seu primo Yuri eram os únicos membros de uma família alemã sobreviventes dos horrores da Segunda Guerra Mundial. Ela emigrara para Israel e ele, para a Inglaterra, onde depois de algumas idas e vindas acabou por se estabelecer também em Israel. Nessa região, as pessoas tinham o hábito de andar armadas, como se isso fosse algo normal em suas vidas. Quase toda família de Israel perdera um parente em conflitos, que culminaram mais recentemente na Guerra do Yom Kippur. Ouvindo as histórias de Eva e os seus desejos sinceros de paz e reconciliação, eu me vi como que me abrindo para esse "outro lado". Contei a ela sobre a minha visita ao povoado onde Aida nascera, e ela se ofereceu para me levar a presenciar o mesmo cenário, mas de uma perspectiva israelense. E assim eu voltei a ver as trincheiras, os tanques, os fios de arame farpado, e os soldados daquele povoado libanês onde antes já estivera. Agora, minha mente se debatia para reconciliar esses "pontos de vista" igualmente verdadeiros e opostos.

Notei que eu já não tinha mais uma opinião formada sobre quem estava "certo" ou "errado" naquela situação tão complexa. Aprendi que não ter opinião pode ser o resultado tanto de excesso quanto de falta de informação. Com informações de primeira mão e com uma escala verdadeiramente humana de ambos os lados do conflito, acabei me tornando mais consciente da complexidade da situação existente. Tendo literalmente permanecido em ambos os lados do conflito, vi mais do que um ponto de vista. Notei o alcance da minha visão se desenvolver num "campo de visões".

Em muitos casos, um ponto de vista acaba estreitando o potencial latente de algo. O seu ponto de vista, composto das suas interpretações, faz uma enorme diferença no que é possível ou não. Se o ponto do qual você observa for limitado, suas possibilidades também o serão. Um campo de visão não substitui o seu ponto de vista, mas o amplia e lhe dá um contexto. Os pontos de vista em geral são do tipo "ou isto ou aquilo", ao passo que um campo de visão lhe dá um potencial do tipo "ou isto ou aquilo, ou ambos".

Ao se explorar o que está mudando nos negócios, por exemplo, muitos tipos de gráfico e tabelas foram criados para descrever o "novo modelo". Tipicamente, eles mostram os aspectos contrastantes do antigo e do novo modelo em duas colunas. A coluna da esquerda descreve predominantemente o lado negro do "antigo", e a coluna da direita o lado brilhante do "novo". Essas descrições são úteis ao nos ajudar a imaginar o que gostaríamos de descartar, assim como as possibilidades promissoras do novo entendimento. As qualidades que costumam ser mencionadas nessas comparações incluem:

Antiga	**Nova**
Mecanicista	Orgânica
Direta e controlada	Responsabilidade compartilhada
Hierárquica	Equipes
Imagem projetada	Autenticidade
Poder sobre os outros	Poder com os outros
Permanência	Fluidez

Essas distinções são úteis, mas duas precauções são necessárias. Primeiro, existe muito do antigo que vale a pena ser mantido para o futuro e que pode proporcionar estabilidade no presente. Segundo, por entusiasmo e desejo, muitas tentativas são feitas de se pular diretamente da coluna da esquerda para a da direita. Os resultados freqüentemente são o desapontamento ("Treinamos equipes e elas não funcionaram"), frustração ("Decidimos compartilhar responsabilidade e as pessoas não cumprem as suas partes"), medo ("Não estou mais revelando meus verdadeiros sentimentos depois do que aconteceu") e sentimento de fracasso. ("Sei que todos queriam que isso tivesse funcionado. Onde foi que erramos?") É importante manter em mente que a coluna da direita representa a *visão* de um destino final. Passar do ponto de onde estamos para uma visão de onde gostaríamos de estar só pode ser conseguido depois de uma série de aproximações.

Portanto, nem a coluna da esquerda nem a da direita representam o lugar onde "a ação" acontece. A ação na verdade acontece *entre* o espaço em branco das duas colunas. No entanto, essa região crítica importantíssima é virtualmente invisível. Mas o espaço em branco não é vazio; pelo contrário, é cheio de vida e movimento. Embora milagres instantâneos e saltos evolutivos possam ocorrer, na realidade do dia-a-dia não se pode pular de um lado e chegar ao outro instantânea e satisfatoriamente. De uma forma ou de outra, por meio de experimentação, de tentativas, de erros e acertos, de pesquisas e desenvolvimento, você tem de caminhar para se locomover daqui para ali, do seu estado corriqueiro ao nosso ideal.

PENSAMENTO HOLÍSTICO

O pensamento holístico ou de forma sistemática desenvolve o seu campo de visão. Ele é mais do que um pensamento estratégico, embora este esteja incluído nele. Ao pensar sistematicamente, você mantém uma consciência de como uma decisão tomada aqui afeta tudo o mais, aqui, acolá e no futuro. Sempre que uma pressão é exercida para se mudar uma parte do sistema, causa um impacto em outras partes desse sistema — às vezes de maneira absolutamente indesejada. Durante a Guerra do Golfo, por exemplo, foi decretado um embargo ao Iraque. Embora tenha sido decidido com a finalidade de dificultar as coisas para Saddam Hussein e seu governo, hoje podemos ver outras partes do sistema que sofreram um impacto muito negativo. Dentro do Iraque, mulheres e crianças iraquianas acabaram sofrendo. Além disso, pessoas no Sri Lanka também sofreram; o Iraque era um dos maiores consumidores de chá do Sri Lanka.

Quer sustente um ponto de vista específico ou tenha um amplo campo de visão, o fato é que você exerce influência com as decisões que toma. Algumas têm um impacto muito além do que foi imaginado ou do que se esperava, às vezes em partes muito diferentes do sistema. O contínuo aumento da sua perspectiva, do seu sentido de contexto e da sua compreensão da complexidade faz aumentar a compreensão do impacto das suas decisões.

Ao pensar de forma holística, você consegue lidar mentalmente com imagens e pensamentos bastante complexos e paradoxais. Você busca a inter-relação de tudo — tanto internamente quanto além de uma determinada questão, pessoa, negócio, evento ou problema. Pense novamente a respeito do yin e yang do *Tai Chi*, com suas inter-relações de luz e trevas e sua dinâmica de complementação de partes opostas. O todo abrange tanto o sétimo andar do meu sonho, com a sua obscura mensagem apocalíptica, quanto as iluminadas e gloriosas conquistas da viagem espacial.

Ao pensar de forma sistemática, você pode resistir em tratar somente os sintomas, enquanto mergulha mais profundamente em busca das causas. Considere, por exemplo, o nosso crescente hábito de reciclagem. Muitos ficaram mais "responsáveis" ao lidar com isso, desenvolvendo uma rotina para separar de garrafas de latas, papéis de papelões. Ao colocar nossos latões de lixo no meio-fio das calçadas, sentimo-nos mais tranqüilos e complacentes porque estamos tratando dos sintomas em vez das causas. Mas a verdadeira causa está bem acima: nas "cabeceiras do rio". Quando formos verdadeiramente responsáveis pelas causas, de preferência aos sintomas, como nesse caso, iremos, em primeiro lugar, encontrar maneiras de evitar os desperdícios.

Cuidados com a saúde fornecem uma outra oportunidade para se observar as diferenças entre causas e sintomas. Nos modelos predominantes da medicina ocidental, a ausência de quaisquer sintomas aparentes é sinônimo de boa saúde. Somos ensinados que devemos ir periodicamente ao médico para fazer um *check-up*. Mas ao contrário, a maioria de nós só procura o médico quando tem sintomas. A medicina ocidental não tem igual quando se trata de diagnosticar males e tratar de doenças e acidentes catastróficos. Entretanto, ela não nos ensina muito sobre como ficar bem e manter o nosso bem-estar.

Alguns de nós estão avançando para uma visão sistêmica ou holística da saúde, e métodos e práticas da medicina tradicional dos indígenas estão entrando em nossa vida e aumentando o poder da medicina ocidental. Como um exemplo, Earl Bakken, co-fundador da Medtronic, empresa bem conhecida pelos seus marcapassos para o coração, está envolvido na criação de um hospital no Hawaí, que oferecerá serviços que vão desde a *kahuna*, um método de cura nativa, aos mais avançados equipamentos tecnológicos.

A medicina holística serve como uma pedra de toque, da qual podemos extrapolar o que significa estar íntegro e saudável em todas as áreas da nossa vida, do nosso trabalho e pensamento. Algumas premissas básicas são:

- Responsabilidade pessoal e capacidade de bem-estar.
- Parceria na prevenção.
- Buscar de preferência a causa, em vez dos sintomas.
- Trabalhar em harmonia com a natureza.

Em "Como Ver o Jardim de um Modo Totalmente Novo", referi-me às mudanças do hábito de fumar como um exemplo de sistemas interativos de mudança. Existem mais detalhes nessa história. Eu tomei aulas no hospital local para deixar o vício. Jogava os maços de cigarros pela janela do meu carro, no caminho de volta para casa, apenas para parar no próximo posto e comprar outros maços de Marlboro.

Eu tinha ouvido dizer que a acupuntura funcionara para algumas pessoas; por isso visitei uma clínica de saúde holística perto da minha casa. Depois de duas sessões, sentia-me eufórica e deixei de fumar — por quatro dias. Cancelei a terceira sessão por causa da vergonha que sentia. Finalmente, criei coragem e voltei. O médico me atendeu compassivamente. "Deixe de lado, por algum tempo, o tratamento com acupuntura", sugeriu ele. "Imagine uma piscina cheia de água até a borda. Você é a piscina e o seu nível de tensão é a água. Imagine uma pedra enorme sendo jogada nela. É o mesmo que o parar de fumar para você. Se a piscina está cheia, e a pedra é imensa, uma porção de água terá de sair. Vamos levar três meses trabalhando juntos para diminuir o nível de água da sua piscina, antes de jogarmos mais alguma coisa, certo?" Embora eu não soubesse exatamente o que isso significava, aceitei a imagem e concordei com ele.

Baixar o nível d'água culminou nas minhas primeiras experiências com a quirologia; uma completa mudança de dieta, sessões semanais com um treinador para aprender como respirar, escrever um diário como forma de aprendizagem e aprender a mudar minhas crenças negativas e limitadas. Portanto, uma combinação de "terapias" que cuidou das minhas necessidades físicas, emocionais, mentais, e espirituais.

Três meses depois, numa data predeterminada, voltei à série de quatro sessões de acupuntura. Ainda hoje me lembro desse dia e de como estava vestida. Mas não me lembro do último cigarro que fumei. Nunca mais acendi outro depois desse dia, e nem sequer fiz as outras três sessões. Foi um milagre? Pode ser que sim, mas eu acho mesmo que foi a minha disposição de responder à totalidade do meu ser. Em vez de tratar apenas dos sintomas, meu médico me ajudou a mudar minha mente e a tratar a mim mesma — o meu eu. Juntos, vimos a mim mesma como um todo, um sistema auto-regulador.

As sugestões dele eram verdadeiras alavancas para a mudança — pequenas intervenções, misturadas com altas doses de tenacidade, garantiram o potencial que resultou nas enormes mudanças de todo o meu sistema. Os mesmos princípios que se aplicam às pessoas como um sistema completo servem também para as organizações. Da mesma forma como podemos ser tratados como seres completos, com infinitas formas de potencialização e capacidade de mudança, assim também é possível tratar *qualquer* sistema — não importa de que tamanho ou configuração seja. Profundas mudanças podem ocorrer nas organizações quando cuidamos da sua totalidade e bem-estar, quando buscamos mais as causas do que os sintomas, quando as vemos como sistemas naturais e procuramos prevenir os incêndios em vez de combatê-los.

Dee Hock, presidente emérito do Visa Usa e Visa International, construiu essas organizações com base nos princípios que ele denomina de "chaordic". Ele define um chaordic como "qualquer sistema auto-organizado, adaptável, não-linear e complexo — de natureza física, biológica ou social —, cujo comportamento exiba características tanto de ordem quanto de caos..." Vinte e três mil instituições financeiras trabalham com os produtos Visa. Os cartões Visa são usados em diversos países por cerca de 355 milhões de pessoas. Na verdade, ele chega a constituir o maior instrumento de poder de compra do consumidor no mundo. No entanto, Hock escreve, que: "Do ponto de vista legal, Visa é uma sociedade corporativa limitada e voltada para o lucro. Por outro lado, ela não se mantém por si mesma, mas é mantida pelas suas partes integrantes." As 23 mil instituições financeiras são, ao mesmo tempo, membros, proprietárias e clientes. Enfim, o Visa se mantém, ou se extingue, por seus princípios naturais, orgânicos e holísticos.

Os princípios de perspectiva — ampliação do contexto, desenvolvimento de um campo de visão e pensamento holístico — aplicam-se em todos os níveis: individual, grupos de trabalho, organizações, ou mesmo para todo o sistema econômico. A perspectiva nos fornece uma grande imagem e nos permite alcançar tanto um ponto focal quanto um campo inteiro, tanto o sintoma quanto a causa, tanto o antigo quanto o novo, assim como o caminho que os une.

CAPÍTULO 14

O PODER DO RESPEITO

Sentado à frente do mestre, o discípulo fez esta pergunta: "Todos os rios, montanhas, lagos, a Terra, o sol, a lua e as estrelas, de onde vêm"? Como resposta, o mestre replicou, "E a sua pergunta, de onde vem?"

— HISTÓRIA ZEN

PERGUNTAS PARA REFLEXÃO

1. O que surge na sua mente quando você ouve a palavra "reverência?"

2. Quais são algumas das lembranças de quando você se sentiu especialmente reverente?

3. Como a sua reverência o apóia na sua caminhada e no seu trabalho?

4. Como líder, o que você gostaria de conseguir a mais do seu poder de reverenciar?

5. No momento, em que direção você está tentando aprimorar o seu poder de reverência?

Graça e Humildade
O Serviço e o Trabalho dos Anciãos
A Dignificação do Mistério

GRAÇA E HUMILDADE

Engajar-se na totalidade da vida, com sabedoria e consciência, leva-nos a experimentar uma graça, que é a lembrança, no presente momento, de que se está vivo. Você inspira, expira, e tem a percepção de que esteve respirando durante todo esse tempo, sem o perceber. Isso é uma graça. E que milagre! Inspirar e respirar é, simplesmente, algo mais extraordinário do que aterrissar na Lua.

Graça é a lembrança, no presente momento, de que você está vivo.

Recentemente, tive a oportunidade de ver o meu sangue, ao vivo, num aparelho de vídeo. Um momento comovente foi quando vi uma célula branca se movendo para engolir uma bactéria. Eu observava, ofegante, compreendendo o drama que acontece no meu corpo. Não o podemos sentir, ver, ouvir ou cheirar, mas ele acontece de qualquer forma. O modelo da vida é um modelo de graça. É um mistério, no seu mais extraordinário e místico sentido, uma vez que ele sempre pode desafiar o nosso desejo de compreensão; e também pode permanecer sempre como um mistério.

Você também experimenta uma graça nas manhãs em que acorda e se dá conta de um novo dia na sua vida, para receber tanto as suas dádivas como os seus desafios. E, além dos processos que ocorrem no seu corpo para manter a vida, dos quais você nem mesmo se dá conta, é possível também, de forma consciente, recriar sempre a sua vida, dia após dia, mais e mais, à sua feição. Graça é render-se à bondade e à perfeição da vida. Você pode até sentir ansiedade quanto ao futuro, arrependimento pelo que passou ou medo de perder o que possui no presente. No entanto, existe a perfeição simplesmente por se estar vivo. Com saúde ou adoentado, de alguma forma você está seguro e amparado, na maneira como você existe.

> *A humildade permite que você se ligue à condição humana, em vez de estar acima dela.*

Perceber a graça — tanto do mistério quanto da perfeição — é o resultado de se sentir verdadeiramente humilde. Embora possam facilmente ser confundidos, humildade e submissão têm muito pouco ou mesmo nada em comum. A submissão é demonstrada por meio da anulação de si mesmo ou de uma baixa auto-estima. Inversamente, a humildade faz com que você cresça em vez de diminuir. É o reconhecimento do mistério que é Deus — ou qualquer outro nome que você use para descrever o desconhecido, as formas impressionantes e as forças criativas do universo; é uma ligação com a fonte de toda a vida que está dentro e além de você. Mais especificamente, a humildade liga você à sua humanidade; permite que você se ligue à condição humana, em vez de estar acima dela; reforça a verdade de que você é uma parte milagrosa do mistério que é a vida e o impele a dignificar e a buscar a harmonia com toda a vida, não importa de que forma seja.

O Serviço e o Trabalho dos Anciãos

Durante dez anos, ensinei em escolas elementares ao redor do mundo, treinei voluntários para Missões de Paz e trabalhei para organizações sem fins lucrativos. Ao assumir meu primeiro emprego no mundo empresarial, senti-me intimidada. Eu via as pessoas desse meio como sendo mais espertas do que aquelas ligadas à educação e as dos grupos sem fins lucrativos; é certo que tinham mais "sucesso". Mas eu ainda media o sucesso em relação ao poder acumulado e à riqueza monetária. Logo me dei conta de que muitas pessoas do mundo dos negócios não são mais espertas do que quaisquer outras — e mesmo aquelas mais espertas não eram necessariamente mais sábias. É preciso uma grande inteligência para se fazer um negócio altamente produtivo e bem-sucedido; mas seria isso sabedoria? A decisão da Union Carbide de não indenizar as vítimas do desastre de Bhopal, em 1986, pode ter sido brilhante para os seus controladores e empresários, mas seria esta uma sábia decisão? É preciso muita astúcia para se vencer no mercado de ações ou para se fechar um negócio lucrativo. No entanto, enquanto escrevo, os índices Dow Jones continua superando os seus próprios recordes, enquanto o governo vive um declínio parcial; Wall Street adora demissões em massa, mas a média da população está sofrendo. São todos muito sabidos, talvez, mas que tipo de sabedoria é essa?

> *A sabedoria leva em conta os resultados presentes, passados e futuros.*

A sabedoria leva em conta os resultados presentes, passados e futuros com deferência e estima. Quando você reverencia algo, você o honra e o respeita. Ao apreciar algo, você toca na sua natureza inerente, no seu valor e significado. Você sente respeito e estima por meio da graça e da humildade; uma maneira pela qual você pode expressar isso é pelo serviço.

Os anciãos são os últimos a chamar a si mesmos por esse nome. Ancião é um termo de deferência e estima para com alguém que viveu e compartilhou os resultados da sua sabedoria com o resto de nós. Na tradição dos índios americanos, o papel representado pelo ancião é um manto sagrado outorgado a quem é considerado digno de envergá-lo com responsabilidade. Ninguém pode outorgá-lo a si mesmo. Entretanto, os anciãos, com boa vontade, recebem o chamado para o serviço. Servir como tal oferece uma oportunidade de expressar, de forma concreta, os poderes do respeito e da estima.

Duas questões, que por anos tenho ponderado, são: "Onde estão todos os *nossos* anciãos?" e "Que *forma* têm e podem tomar os anciãos e o seu trabalho na sociedade moderna e no mundo dos negócios globalizados?" Algumas possibilidades para liderança em trabalhos desse tipo são:

- Estar presente ao que for preciso, em qualquer momento.
- Considerar o passado e o futuro, assim como o presente.
- Modelar, embora de modo imperfeito como o restante de todos nós, respeito, estima, humildade e serviço dentro de organizações e comunidades maiores.
- Oferecer visão e sabedoria espiritual, sem forçá-la, aos outros.
- Ouvir, arbitrar e facilitar a reunião de sabedoria.
- Questionar continuamente, desafiando mitos e premissas subjacentes.
- Assegurar, manter e remodelar os negócios ou a sociedade.
- Salvaguardar a essência e o significado junto à sociedade e às organizações.
- Ajudar a guiar pessoas jovens para uma vida produtiva, completa e saudável.
- Iniciar outros nas passagens da vida e ajudá-los nesse processo.
- Lembrar aos restantes, no meio de suas atividades, do que é verdadeiramente importante e merecedor de respeito e estima.

Quando o papel do ancião é insuficientemente preenchido, todas as fases da nossa vida coletiva são, de alguma forma, negligenciadas. Os anciãos trazem mais equilíbrio à orientação, sempre muito rápida e agitada, da fase jovem de nossa vida. Considere, por exemplo, que os jovens de qualquer sociedade estão ativamente empenhados no processo de amadurecer, enfrentando todas as provas e tribulações para encontrar seu lugar no mundo. E nós, os de meia-idade estamos ocupados em construir uma carreira, desenvolver profundas e duradouras relações, criar famílias e prover o sustento. Em geral, não temos quase que nenhum tempo ou energia para pensar em termos de longo prazo.

O trabalho do ancião é um serviço para além do ego, em apoio ao bem-estar e à viabilidade do todo. É uma reciprocidade, por ter tido a plenitude na juventude e chegar à outra fase. É um trabalho que implica deixar de lado os julgamentos pessoais a respeito de suas experiências terem sido "boas" ou "más", e ver que tudo o que aconteceu na sua vida contribuiu para a formação da sua sabedoria. Finalmente, além de toda reciprocidade, a idade avançada oferece a você mais do que um pagamento pleno com a satisfação do serviço. Como Albert Schweitzer, um ancião, disse: "Você nunca será feliz até que encontre uma maneira para servir."

Os anciãos não devem ser confundidos com líderes carismáticos ou heróis. Eles podem ser completamente visíveis ou passar totalmente despercebidos. Com seu envolvimento na Campanha de Moradia para a Humanidade e na diplomacia internacional, desde os tempos do seu final de mandato como presidente dos Estados Unidos, Jimmy Carter emulou o papel do ancião e o valor do seu trabalho.

Um ancião pode não ser de fato velho cronologicamente. Wendy Luhabe, da África do Sul, é uma jovem anciã. Ela estabeleceu seus negócios, Bridging the Gap, baseando-se na palavra zulu *ubuntu*, que traduz a idéia de dignificar a humanidade de uma pessoa. Bridging the Gap ajuda a preparar jovens negros sul-africanos para entrar no mercado de trabalho. Aos 38 anos, ela tem assento no conselho de sete das maiores corporações do país; no ano passado, fundou o primeiro portfólio para o investimento em mulheres do país, a fim de ampliar as limitadas oportunidades econômicas das mulheres negras da África do Sul.

Ninguém é bastante jovem ou ocupado que não possa servir. Por meio do serviço, preparamo-nos para o trabalho dos mais velhos. Pouco importa a forma que tomar ou o tempo que você dispensar. O que importa é *como* você se doa. O que importa é a sua estima e respeito recíprocos pela dádiva da sua vida. Assim como disse outra das nossas grandes idosas, Madre Teresa: "Pequenas coisas com grande amor. Não importa o quanto fazemos, mas o quanto de amor colocamos no que fazemos. Não importa o quanto damos, mas o quanto de amor colocamos no que damos."

A Dignificação do Mistério

Pense de novo naquela experiência de ver o meu próprio sangue em um vídeo — ou talvez o ultra-som do seu bebê. Como se divide uma célula? Como uma criança faz lembrar os seus pais? Sabemos tanto e, no entanto, conhecemos tão pouco; mal arranhamos o verniz do mistério da vida. Como disse Einstein: "A coisa mais bela que podemos experimentar é o mistério. Ele é a fonte de toda ciência e arte verdadeiras. Aquele para quem essa emoção é estranha, que não se detém para apreciar e ficar arrebatado em êxtase, vale tanto quanto um morto."

O mistério da vida é nosso, tanto para contemplar quanto para ser contemplado. Às vezes, o mistério é concreto e único, e os homens podem dar-lhe crédito. Em julho de 1989, no vigésimo aniversário da primeira caminhada do homem à Lua, a televisão reprisou as cenas do evento. Lembro-me de olhar a Lua pelo lado de fora da minha varanda e me perguntar: "Será que isso aconteceu mesmo? Como isso foi possível?" É espantoso imaginar seres humanos dentro de um pequeno compartimento de metal, voando pelo espaço negro e chegando exatamente aonde queriam chegar. É espantoso imaginá-los voltando como um bumerangue. Ainda mais espantoso é tê-los de volta quando algo de terrível sai errado, como aconteceu na Apolo-13. Foi o mistério da criatividade humana consciente que trouxe a tripulação de volta para casa com vida.

Algumas vezes, o mistério é tão sutil e comum que custa a ser tomado como verdadeiro. Seres humanos — assim como toda a vida — são o resultado dessas sutilezas. Certa vez, um geógrafo, professor de uma universidade, me disse: "A realidade na Terra depende da temperatura do planeta." Ar, água, plantas, animais, terra: todos vivendo e trabalhando juntos, tudo isso porque a temperatura do planeta tem variações que suportam as nossas formas de vida, tudo porque essas formas particulares de vida evoluíram para se apoiar umas às outras. A Terra inteira viva, o sistema Gaya, está ganhando forma, ao viver como vive, por meio de simbioses e homeostases — e tudo por causa da temperatura do planeta.

Existe um poder inexprimível ao se notar a permeabilidade do mistério, o refinamento de sua natureza, a admiração e o respeito que provoca. O respeito é uma força suave, tranqüila e de incomensurável magnitude.

Parte III

A Trilha Bem-percorrida

PRELÚDIO

UMA MORADA DE ETERNA VERDADE

Para o espírito humano — apanhado pelo universo rodopiante de um eterno e confuso fluxo de eventos, circunstâncias e agitação interior —, buscar a verdade tem sido sempre buscar o invariável... Penetrar num templo construído totalmente com proporções geométricas invariáveis é penetrar numa morada de eterna verdade.

— ROBERT LAWLOR

Perfeição Geométrica
Oito Poderes e Sete Chakras
As Relações Entre os Poderes

PERFEIÇÃO GEOMÉTRICA

A temperatura do nosso planeta determina o meio no qual vivemos. Ela cria as condições que formam a nossa realidade, do mesmo modo que a água forma a realidade do oceano para um peixe. Uma vez que vivemos nessas condições, nossa tendência é a de não percebê-la. Nós não temos a *necessidade* de percebê-la — a menos que ela esteja ameaçada. Ela é uma dádiva natural que faz com que se criem, afetem e evoluam as condições de sustentação da vida.

Nosso mundo é rico em impressionantes demonstrações de perfeição. O Sol se levanta a cada manhã; as estações mudam regularmente; as correntes marítimas vêm e vão, ligadas como estão às fases da Lua. A partir desses tipos de fenômenos naturais, os homens desenvolveram uma linguagem de ordem para descrever e predizer os padrões cíclicos de mudança. Essa linguagem é chamada de "geometria" , que significa "medição da terra". A geometria estuda e descreve a ordem espacial, medindo e mostrando as relações intrínsecas entre as formas.

No Egito antigo, a cheia e a vazante do rio Nilo aconteciam todos os anos, inundando tudo, das plantações feitas em suas margens até os portais dos templos e os caminhos que cortam a região. A cada ano, quando as águas se retiravam e retornavam para junto do seu leito, restabeleciam-se as fronteiras demarcadas pelo homem, e os traçados e as rotas voltavam a ter suas funções novamente. Como diz Lawlor em *Geometria Sagrada*: "A este trabalho chamava-se geometria, e era visto como um restabelecimento do princípio da ordem e das leis sobre a Terra... Essa atividade, de se 'medir a Terra', tornou-se a base para a ciência das leis naturais...".(p.6)

Não precisamos seguir, contudo, pelas grandezas da Terra, pelos seus fluxos e estações, para perceber a magnificência das relações geométricas. Um exemplo comum, que todos nós incorporamos — embora às vezes tão óbvio que quase não o percebemos, exceção feita, talvez, aos artistas — são as relações geométricas do nosso próprio corpo.

O conhecido desenho de Leonardo da Vinci, *Proporções do Corpo Humano*, mostra-nos a relação espacial do corpo humano com o quadrado e o círculo.

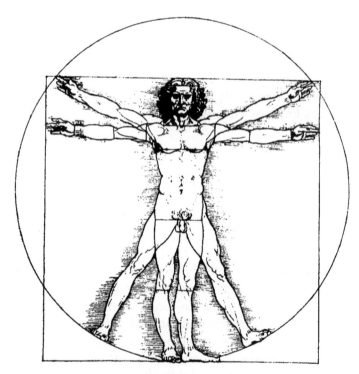

Da Vinci:

Proporções do Corpo Humano

Um quadrado ou cubo é formado, quando ficamos de pé, com os pés juntos e os braços estendidos em forma de cruz. Quando movemos os braços em ângulos e separamos os pés, criamos um círculo ou uma esfera. Todos os aspectos do nosso corpo estão matematicamente relacionados — até mesmo os menores ossos de um dedo. Essas relações *no* nosso corpo são também proporcionais aos padrões característicos de tudo o que é exterior a nós, exatamente do modo em que o formato da espiral de uma concha do mar mantém relações proporcionais matematicamente semelhantes à espiral de uma galáxia. Assim, até mesmo matematicamente, caminhamos *internamente* e caminhamos *com*.

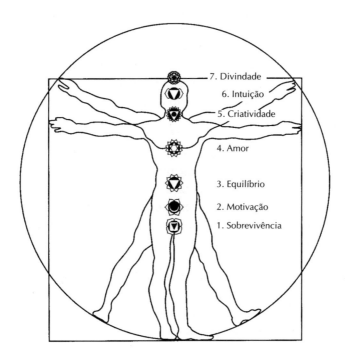

Os Sete Chakras

Oito Poderes e Sete Chakras

Por termos nascido num corpo físico, todos existimos em "um templo construído de proporções totalmente geométricas e invariáveis". Ao mesmo tempo que essa morada em que vivemos pode ser fisicamente temporária, ela é também imaculada, semelhante a uma réplica da perfeição geométrica. Além dessa perfeição que pode ser vista, existe muito de sutil, profundo e irreconhecível dentro e ao redor do nosso corpo.

Existem inúmeros princípios organizacionais, em diversas tradições, capazes de descrever oito poderes pessoais de liderança, desde que, juntos, sejam o resultado e a realização natural da força e da vitalidade da vida universal. Para concentrar minha atenção, quis escolher um conjunto de princípios sutis ou energéticos, como uma base para organizar meus pensamentos e experiências. Embora eu tenha a respeito deles apenas o conhecimento de uma pessoa comum, minha intuição guiou-me aos Sete Chakras.

Esses sete chakras internos, usualmente descritos como vórtices alternativos de energia — uma maneira de espelhar as formas das conchas do mar e das galáxias — recebem, assimilam e transmitem a energia da vida ou a vitalidade. Geralmente representados como flores de lótus com diferentes números de pétalas — desde quatro, para o primeiro chakra, até mil, para o sétimo — freqüentemente também são descritos como dotados de cores que se combinam com as do arco-íris, de vermelho, para o primeiro chakra, ao violeta, para o sétimo. Uma interpretação do que cada uma dessas espirais geométricas de energia representam, e da localização no nosso corpo, é a seguinte:

7. Divindade	O alto da cabeça ou coroa
6. Intuição	O centro da testa ou medula
5. Criatividade	A garganta ou primeira vértebra cervical
4. Amor	O coração ou quinta vértebra torácica
3. Equilíbrio	O plexo solar ou terceira vértebra torácica
2. Motivação	O último osso da espinha ou vértebra do sacro
1. Sobrevivência	A base da espinha ou cóccix

Os oito poderes, descritos na Parte II do livro, são desenvolvidos a partir da sabedoria antiga dos sete chakras. Embora os chakras sejam aqui rotulados com números, eles não são separados, lineares ou dispostos hierarquicamente. Em vez disso, todas as energias são essenciais e de igual valor; juntas, elas criam um todo.

Os sete chakras e os oito poderes estão assim relacionados:

A rota	Os sete chakras	Os oito poderes
Dentro	1. Sobrevivência	1. Vitalidade
Dentro	2. Motivação	2. Paixão
Dentro	3. Equilíbrio	3. Integridade
Dentro	4. Amor	4. Autenticidade (amor por si mesmo)
Com	4. Amor	4. Relacionamento (amor pelos outros)
Com	5. Criatividade	5. Expressão
Com	6. Intuição	6. Perspectiva
Com	7. Divindade	7. Respeito

As Relações Entre os Poderes

Utilizando os sete chakras como base, podemos agora olhar para os oito poderes em relação uns com os outros. O primeiro e mais evidente dos relacionamentos forma a estruturação básica da Parte II deste livro. Os quatro primeiros chakras estão fundamentalmente presentes na nossa caminhada interior; enquanto o segundo grupo encontra-se na nossa caminhada com o outro. O quarto chakra, o amor, tem dupla tarefa, estando essencialmente no coração das interações, tanto dentro de nós mesmos quanto na companhia dos outros.

Essas relações podem ser vistas um pouco mais além e profundamente, e, dessa forma, retornamos aos números e à idéia da perfeição. Ao inverter a ordem do segundo grupo de poderes e recolocá-lo paralelamente aos quatro primeiros poderes, vemos uma nova relação de poderes entre Caminhar Internamente e Caminhar Acompanhado. Agora, cada par de poderes, quando combinados com os números tradicionais do chakra, produzem oito. Na geometria sagrada, o número oito representa a simetria perfeita ou equilíbrio; virado de lado, é o símbolo para o infinito.

Caminhando Internamente		Caminhando Com		
1. Vitalidade	+	7. Respeito	=	8
2. Paixão	+	6. Perspectiva	=	8
3. Integridade	+	5. Expressão	=	8
4. Autenticidade	+	4. Relacionamento	=	8

Assim, por exemplo, a experiência interior de se sentir vivo, pode ser transmitida por meio da expressão de respeito. Uma experiência interior de paixão pode ser trazida à tona por meio de uma perspectiva expandida. Do mesmo modo, a experiência interior da autenticidade ou do amor próprio pode tornar possível para nós amar a cada um dos outros e saber que estamos todos relacionados.

Ligar-se aos padrões energéticos e geométricos perfeitos da forma humana pode ser uma ajuda concreta para alcançar um nível mais profundo na sua essência. Pode também ajudá-lo a encontrar uma referência e uma base na ordem universal das coisas. Simultaneamente, ajuda-o a compreender tanto a sua singularidade quanto a sua semelhança com toda a criação.

Capítulo 15

A Integração dos Oito Poderes

*Quase tudo que você fizer parecerá insignificante,
mas é muito importante que você o faça... Você
tem de ser a mudança que deseja ver no mundo.*

— Mahatma Gandhi

Complementação Geral
Equilíbrio Específico
Formando um Todo

Complementação Geral

Existe uma complementação na relação entre dois grupos de quatro poderes. Para ilustrar as diferenças entre "Com" e "Dentro", podemos usar a metáfora das diferentes fontes de luz. A eletricidade é o gerador, a "fonte"; ela é o fator unificador comum que está por trás de vários tipos de luz elétrica existentes no mundo. No entanto, as luzes produzidas pela eletricidade podem parecer muito diferentes e servir a propósitos distintos.

Podemos usar a luz halógena como metáfora para os poderes de Caminhar por Dentro, e um holofote como metáfora para o poder de Caminhar Com. Lâmpadas halógenas produzem uma luz forte e brilhante, que destacam uma área de leitura ou uma peça de arte. Os holofotes, por outro lado, espalham uma luz brilhante sobre uma extensa área, permitindo que se veja, por exemplo, uma partida de futebol num estádio. Cada uma das luzes, embora provenientes de uma mesma fonte original, fornece-nos resultados diferentes. E, juntas, complementam-se uma à outra. Uma oferece um foco intenso sobre uma área localizada; a outra ilumina uma área mais extensa.

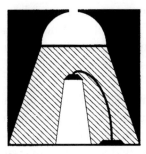

As Duas Fontes de Luz

Assim acontece com os oito poderes. A energia que gira nos chakras pode ser vista como a fonte, o gerador; é o fator comum e unificador da energia vital que está por trás da luz. Assim como a luz gerada pela eletricidade pode servir a propósitos muito diferentes, a luz geradora dos oito poderes também serve a diversos propósitos.

Enquanto todos os oito poderes provêm de uma mesma fonte original, os quatro primeiros assemelham-se às luzes halógenas. Eles são intensamente concentrados numa área específica: Caminhando Internamente é a sua vida interior individual. Os outros quatro poderes — Caminhando Com — são semelhantes a um holofote, que revelam como a luz da sua vida individual difunde-se para uma área maior e está entrelaçada com tudo o mais.

Equilíbrio Específico

Descrever os oito poderes com qualidades distintas, como foi feito antes, é útil para os propósitos de articulação e descrição; mas só juntos eles formam um todo de energia balanceada. Ao olhar para os pares de poderes arbitrariamente divididos, vemos que cada um realmente equilibra e apóia o outro. A vivacidade, por exemplo, apóia e equilibra cada um dos outros sete poderes e é apoiada e equilibrada por eles. A mesma relação existe para cada um dos outros sete, sempre apoiando e sendo equilibrado pelos demais.

Para ilustrar de forma específica como os chakras podem servir de apoio e equilíbrio entre eles, exploraremos brevemente os pares que, juntos, perfazem oito, o número da simetria e do equilíbrio.

Força em excesso pode tornar-se uma grande fraqueza e um alto risco.

Num contexto assim, uma situação balanceada é definida como aquela que mantém a escala dos dois poderes em equilíbrio um com o outro. A Parte II descreve os oito poderes, basicamente, em termos da força de cada um deles;

baseia-se na suposição de que o crescimento e o desenvolvimento de cada poder é algo valioso, oportuno e saudável. Contudo, força em excesso pode tornar-se uma grande fraqueza e um alto risco. É possível que haja um excesso em cada um dos poderes e que esse excesso de "forças" seja usado de maneira negativa.

Hitler tinha enorme vitalidade, paixão, autenticidade e poder de expressão; mas, o que dizer do seu respeito, perspectiva, relacionamento e integridade? Ele representa o próprio arquétipo de quatro poderes superampliados com os outros quatro subdesenvolvidos. Assim, em quatro pares, os desequilíbrios somam oito:

Caminhando Internamente	Caminhando Com
1. Vitalidade	4. Relacionamento
2. Paixão	5. Expressão
3. Integridade	6. Perspectiva
4. Autenticidade	7. Respeito

Portanto, uma maneira de verificar por si mesmo onde é preciso desenvolver mais os seus poderes individuais, e onde deve ser estabelecido um equilíbrio, é prestar atenção e presenciar os seus desequilíbrios. Quando um dos pares de poder se torna superexcessivo, um outro pode servir como o seu equilíbrio. A seguir, à guisa de exemplo, é dada uma idéia do que significa o superabuso de cada poder e como um outro, recíproco, pode trazer equilíbrio.

Caminhando Internamente	Caminhando Com
1. **Vitalidade**	4. Relacionamento
2. Paixão	5. Expressão
3. Integridade	6. Perspectiva
4. Autenticidade	7. **Respeito**

QUANDO O RESPEITO EQUILIBRA A VITALIDADE

A vitalidade traz a capacidade de um total engajamento, de viver o presente e sem limitações. Quando ocorre um excesso, a pessoa se torna egocêntrica e tem uma atitude irreverente com relação ao futuro. A percepção da sua ligação com o cosmos lhe é cortada, e ela não leva em conta as necessidades a longo prazo. Isso implica curvar-se diante do destino, uma vez que se sente incapaz de dar forma ou influenciar o presente e o futuro.

A INTEGRAÇÃO DOS OITO PODERES

O equilíbrio é restabelecido por meio do poder do respeito. Por exemplo, ao fixar a atenção em áreas da sua vida nas quais você encontra graça. Questione-se a respeito da sua auto-absorção e o que ela esconde; você pode ter medo de observar uma profunda e verdadeira humildade. Busque por maneiras de servir. Para sentir-se acalentado, mergulhe de cabeça em um cenário natural antigo, verdadeiramente místico e abençoado — seja fisicamente ou com os olhos da mente.

O Contrário, ou Quando a Vitalidade Equilibra o Excesso de Respeito

Os poderes do respeito são: o mistério dignificante, o fato de se encontrar maneiras de servir que tragam satisfação e experiências prazerosas de graça e humildade. Esses poderes se transformam em fraqueza quando você mergulha tão completamente na estima e no respeito, que se sente pessoalmente diminuído ou sem valor. É verdade que você é um grão de areia infinitamente pequeno. Seguindo um passo adiante, se você se sente pequeno e insignificante com relação a tudo, pode compensar isso desenvolvendo sentimentos de superioridade e isolamento em relação ao resto da vida. Esse mesmo desequilíbrio de auto-estima tem marcado nossa cultura ao longo de vários séculos, levando a nos julgar superiores e separados do resto da teia da vida.

Concentrar-se no milagre da sua presença única e perfeita no mundo de hoje traz de volta ao equilíbrio o excesso de respeito. Observe que, enquanto a vida é normalmente perigosa, por um momento você está a salvo. Note a natureza tranqüila e moderada deste momento. Decida estar aqui agora, plenamente, lendo estas palavras. Busque decididamente encontrar maneiras de ver e conquistar a sua auto-estima, lidando com o conhecimento pleno da natureza única da sua vivacidade — de seus dons e talentos.

Caminhando Internamente	Caminhando Com
1. Vitalidade	4. Relacionamento
2. **Paixão**	5. Expressão
3. Integridade	6. **Perspectiva**
4. Autenticidade	7. Respeito

Quando a Perspectiva
Equilibra o Excesso de Paixão

O esclarecimento da sua paixão e do seu propósito proporciona-lhe os dons de significado, energia e direção — todos acrescidos ao *momentum*. Uma paixão exacerbada assume as formas de fanatismo e obsessão; você se torna tão resoluto que não enxerga mais outras possibilidades e fica convencido de que não há nada mais viável do que as suas próprias idéias. Além disso, conduz a uma mentalidade de querer convencer todos ao seu redor de que o seu caminho é o único correto. Com isso, fica impossível ser capaz de ouvir os pensamentos, as paixões e as necessidades dos outros, dificultando assim a sua forma de colaboração ou de encontrar o que chamamos de sinergia.

> *Lembre-se de que nada do que você possuir de significativo, ou que encontrar de valioso, está isolado.*

Em situações assim, chame pelo poder da perspectiva. A perspectiva equilibra a paixão ao reconhecer que existe, quase sempre, mais de uma maneira viável de se abordar qualquer coisa na vida. Quando sua paixão é exacerbada, pense nas alternativas. Construa uma imagem maior para si mesmo, ao ampliar o seu contexto. Desenvolva um campo de visão retirando as informações dissonantes ou estranhas e selecionando o que for de valor. Lembre-se de que nada do que você possuir de significativo, ou que encontrar de valioso, está isolado; que tudo o que você possui, pensa ou faz sentido para você está ligado a todo o resto.

O Contrário, ou Quando a Paixão
Equilibra a Perspectiva

A força básica da perspectiva é a impessoalidade. Esta surge do pensamento holístico, do desenvolvimento de um campo de visão e da ampliação do seu contexto. Uma perspectiva exagerada torna os seus sentimentos impessoais e deixa você meio que "desligado". Um outro poder da perspectiva é ver alternativas que, quando exageradas, fazem com que você se sinta imobilizado diante de várias boas opções. Juntos, esses exageros levam-no a ver as coisas de forma mais ampla, mas sem que você tenha a capacidade de discernir o que é importante ou o ponto onde se pode fazer uma diferença.

O poder da paixão restabelece o equilíbrio. Ele acompanha-o na escolha de uma direção entre muitas — não somente uma direção qualquer, mas aquela que lhe é apropriada e que lhe dá uma motivação real para seguir. A paixão

A INTEGRAÇÃO DOS OITO PODERES

equilibra a perspectiva, ao trazer uma concentração e uma escala apropriadas para a ação, até mesmo nos contextos mais globais. Ao procurar equilibrar a perspectiva, pergunte a si mesmo: "O que é que eu estou realmente sentindo, realmente desejando?" Se nenhuma resposta surgir, verifique o quanto você está fora de contato com os seus sentimentos, o porquê disso e como restabelecer o contato consigo mesmo. Avalie os relacionamentos usuais da sua "vida de trabalho" e encontre maneiras de se engajar nelas o mais completamente possível.

Caminhando Internamente

1. Vitalidade
2. Paixão
3. **Integridade**
4. Autenticidade

Caminhando Com

4. Relacionamento
5. **Expressão**
6. Perspectiva
7. Respeito

QUANDO O PODER DE EXPRESSÃO EQUILIBRA UMA INTEGRIDADE EXAGERADA

Os pontos altos do poder de integridade são a certeza dos seus valores pessoais, a coragem para vivê-los e a coerência que resulta disso. Uma integridade exagerada é o resultado de se colocar muita confiança na retidão dos seus valores pessoais. Uma integridade que se transforma de uma força em uma fraqueza mostra a si mesma como absolutamente correta, rígida e de uma moral superior. Isso o leva à autodecepção e a uma incapacidade para examinar suas crenças e suposições.

O equilíbrio se dá por meio do poder de expressão. Este baseia-se em falar a verdade e aprender. É a evidência da criação. Lembre-se de que você é projetado para aprender e criar; de que cada dia é um novo dia para se começar novamente. A cada dia você recebe novas informações e tem de reafirmar toda a sua vida e seus valores novamente. Assim, a cada dia você também tem a oportunidade de mudá-los. Considere a vida de uma serpente. A pele da serpente define as suas fronteiras e a mantém unida, dando-lhe integridade. No entanto, com alguma regularidade, a serpente muda de pele. Na verdade, aquela identidade anterior é insuficiente para lidar com a sua expansão.

O Contrário, ou Quando o Poder de Integridade Equilibra uma Expressão Exagerada

As forças do poder de expressão baseiam-se em conhecer e falar a sua verdade pessoal, bem como em dar vida às suas idéias criativas. Esse poder torna-se excessivo por meio dos outros ou às custas deles. A expressão de uma verdade pessoal, quando desequilibrada, passa a ser uma influência imprópria e controladora. A expressão também é excessiva quando o "fazer" torna-se uma tentativa para satisfazer ou legitimar o "ser".

Quando se introduz o poder de integridade como uma maneira de equilibrar a expressão, você pode se surpreender perguntando como a sua verdade e presença pessoais podem estar "fazendo nos outros o que você *jamais* desejaria que se fizesse a si mesmo". Explore o "porquê" que está por trás do seu fazer e teste-o contra o que você diz serem os seus valores pessoais. Pergunte a si mesmo se a sua essência apóia o seu fazer ou se poderia estar agindo como uma maneira de legitimar — a si mesmo e aos outros — a sua presença no mundo. Lembre-se de que a sua presença no mundo já é um "negócio fechado" e que nenhuma atitude ou realização específica são requeridos.

Caminhando Internamente	Caminhando Com
1. Vitalidade	4. **Relacionamento**
2. Paixão	5. Expressão
3. Integridade	6. Perspectiva
4. **Autenticidade**	7. Respeito

Quando o Poder de Relacionar-se Equilibra uma Autenticidade Exagerada

A autenticidade proporciona-lhe as capacidades de uma sabedoria interior e de uma guia internamente equilibrada, assim como uma qualidade de paz para consigo mesmo. Entretanto, quando em excesso, torna-se uma ilusão de independência e uma necessidade de controlar. Ser independente e ter um certo senso de controle na sua vida são bens valiosos. Às vezes, até mesmo mantêm você vivo. Em excesso, no entanto, levam ao isolamento.

O poder de relacionar-se traz de volta o equilíbrio, ao reintroduzi-lo no seu relacionamento. Ele o religa à universalidade da condição humana. Use do seu poder de relacionar-se para que ele o ajude a se lembrar dos dons da vulnerabilidade e da compaixão. Experimente reviver a paz e a alegria que surgem ao ser percebido e "amparado" pelo outro, ao retirar dos seus ombros o peso do mundo, permitindo a si mesmo receber ajuda.

O Contrário, ou Quando a Autenticidade Equilibra o Poder de Relacionar-se

O poder de relacionar-se inclui a sua capacidade de trabalhar bem junto dos outros, de sentir empatia e compaixão pelas necessidades alheias, e de se engajar profundamente com eles. Quando em excesso, revela as fraquezas da co-dependência e uma excessiva dependência. A co-dependência, explicada em termos simples, significa: "Você é mais importante do que eu." Enquanto que *nós* somos dependentes uns dos outros, uma dependência em excesso significa: "Eu preciso de você para sobreviver."

O poder da autenticidade permite-lhe voltar à "morada" de si mesmo, à sua vida e sabedoria interiores. Você consegue o equilíbrio ao lembrar-se de ser fiel às suas próprias necessidades, assim como às dos outros. Lembre-se de que uma verdadeira doação origina-se de um lugar de paz e sabedoria e que, antes de todos, você primeiro deve se dar a si mesmo. Lembre-se de que todos os relacionamentos são temporários; ao mergulhar no melhor de si mesmo, você estará sozinho e encontrará a sua própria capacidade de sobrevivência.

Formando um Todo

Novamente, vamos voltar à simbologia yin e yang do *Tai Chi*. O desenvolvimento dos seus poderes não tem um início ou um fim; esses poderes são eternamente dinâmicos. Cada um flui em direção a todos os outros. Juntos, em suas relações com os outros, eles expressam o seu âmago, a sua essência. Você tem acesso a todos eles, não importa o quanto possam estar desenvolvidos ou ser conhecidos por você.

As escolhas e decisões que você toma diariamente, enquanto age neste mundo cheio de desafios, demonstram tanto o seu nível de desenvolvimento quanto o nível de equilíbrio e integração dos oito poderes dentro de você. Aqueles momentos em que se percebe que todos os oito estão em equilíbrio, e parecem relacionar-se como uma só coisa e em apoio uns dos outros, são momentos em que você se dá conta da sua profunda capacidade para agir de um modo sagrado. Quanto mais esses momentos ocorrem, mais e mais prováveis de acontecerem novamente eles se tornam.

CAPÍTULO 16

CAMINHE BEM

Recai sobre cada um de vós... comprometer-se realmente a tornar toda a humanidade um sucesso...

— BUCKMINSTER FULLER

Assumindo Responsabilidade
A Vida como um Paradoxo
Nosso Processo Evolutivo
Lidando com Questões Sem Resposta

ASSUMINDO RESPONSABILIDADE

Por causa da complexidade dos dilemas, dos rumos que a vida vai tomando e da magnitude das mudanças com que um líder se defronta no limiar deste novo século, é preciso estar aberto para uma mudança de crenças e suposições. É necessário estar aberto para assumir riscos jamais imagináveis, ao tomar decisões que sirvam não somente aos seus negócios, mas também à vida — isso se quisermos ter um mundo onde possa haver negócios no futuro.

Se você não reconhece o seu poder para modelar o futuro, quem o reconhecerá? Só uma pequena parcela da população do mundo possui o luxo a que podemos nos dar. Eu, por exemplo, tenho a energia extra para escrever um livro; você tem dinheiro e tempo para adquiri-lo e lê-lo. Assim, nossas necessidades diárias estão se encontrando.

Uma vez que estejamos cientes do tempo em que vivemos e dos desafios que nos espreitam, é difícil, se não impossível, ignorar a nossa sagrada responsabilidade. E, no entanto, pagamos um preço amargo por estar entre os seres humanos mais ricos do planeta e em participar do poderoso cenário do mundo dos negócios. Este é o preço da responsabilidade e da consciência.

Enquanto viajávamos pelo Quênia, alguns amigos australianos e eu paramos o nosso Land Rover no acostamento da estrada para que nossos filhos descansassem. O Sol brilhava, escaldante, e o silêncio da savana era total, exceto pelo assobio do vento que fazia ondular a relva.

Ao longe, um pastor conduzia suas ovelhas. Sem nada saber a respeito dele, sem dúvida senti algo de romântico na sua vida, por parecer tão bucólica, pacífica e livre dos problemas mundanos. Então tive um sentimento de perda; por causa do meu próprio referencial global no mundo, compreendi que eu jamais poderia estar naquela situação, por tudo o que conhecia e já experimentara. Em contraste com essa situação, enquanto trabalhava no Sudão, assisti a mulheres etíopes deixar pela manhã, ainda bem cedo, o campo de refugiados para passar o dia caminhando por milhas para surripiar uma quantidade de lenha suficiente para prepararem as refeições noturnas. Suas vidas pareciam uma enorme luta, cheias de resignação e de pesados fardos. Vendo que eu jamais desejaria estar no lugar delas, senti-me cheia de gratidão por tudo o que conhecia e já experimentara; por causa do meu referencial global no mundo.

O preço da responsabilidade é enorme, mas não é necessariamente um sacrifício.

O preço da responsabilidade é enorme, mas não é necessariamente um sacrifício. Muito lhe é exigido por você ter a capacidade de contribuir e de ser um líder no mundo dos negócios. Isso será especialmente verdadeiro nos próximos dez ou vinte anos. Por pagar o preço, você irá receber em troca o benefício incalculável do seu próprio crescimento e evolução e de uma consciência e capacidade de se relacionar também maiores.

Como uma liderança na poderosa arena do mundo dos negócios, você é responsável pela nossa comunidade maior — que vai além de Wall Street e dos acionistas. Como disse Leon Shenandoah, da Confederação das Seis Nações Indígenas dos Iroqueses: "Estes tempos são de nossa responsabilidade. Cada ser humano tem o dever sagrado de proteger o bem-estar da nossa Mãe Terra, de quem procede toda a vida. Para fazer isso, temos de reconhecer o inimigo — aquele que se encontra dentro de nós. Temos de começar em nós mesmos..." Em seu livro *In The Absence of the Sacred*, Jerry Mander conta-nos sobre o desastre na fábrica da Union Carbide, em Bhopal, na Índia. Cerca de 200 mil pessoas tiveram ferimentos e 2 mil perderam a vida. Imediatamente depois do acidente, o presidente da empresa, profundamente abatido, declarou à imprensa que faria todo o possível para reparar os danos que as pessoas haviam sofrido.

Todavia, um ano depois, disse que aquela havia sido uma reação momentânea — e tentava se defender na justiça para não pagar os danos.

Como esse executivo pode ter transformado um autêntico e compassivo sentimento de culpa humano numa fria atitude de homem de negócios? Parece que, simplesmente, ele foi vítima de nossas crenças arraigadas, do que se exige de um grande líder para que seus negócios sejam bem-sucedidos. Coletivamente compartilhada, embora sem ser explorada, as premissas comuns e acomodadas sobre os "negócios" determinaram o desfecho desse incidente.

Embora a magnitude ou a gravidade das decisões com que lidamos possam nos parecer, a mim e a você, irrelevantes, cada um de nós tem de tomar decisões que realmente tenham impacto no dia-a-dia da vida das pessoas. Não importa a situação em que se encontre, existem somente três opções; adaptar-se, influenciar os outros ou partir. Portanto, é preciso estar bem preparado para responder de maneiras que possam realmente *servir* quando você se encontrar em situações aparentemente perdidas e desesperadoras. É preciso uma estrutura pessoal profunda que esteja altamente integrada com algo de sua própria espiritualidade, algo que faça uma conexão com um poder mais elevado.

Seu dever sagrado como líder é o de entrar em maior harmonia com o fluxo natural da vida; de se ligar ao rio e apreciar o seu curso, represando ou dragando só quando for absolutamente necessário. Mas, como determinar o momento de deixar as coisas rolarem e o momento de agir? É preciso assumir as tensões do paradoxo que estão presentes em toda a vida. As tensões, por exemplo, entre aquilo que irá acontecer de qualquer forma e aquilo em que existe uma opção; entre o que você *percebe* como real e o que é verdadeiro. É preciso pensar de novo, sentir de novo. Só se pode acompanhar isso desafiando e fazendo crescer o que está dentro de você.

A Vida como um Paradoxo

Ao ler no início do livro sobre o meu sonho do sétimo andar, sua primeira reação pode ter sido a de julgar as pessoas ali presentes por nada terem feito no sentido de ajudar a multidão de pessoas que se encontrava do outro lado dos portões. Esse foi certamente o meu julgamento. Todavia, existe um paradoxo aqui. Como os efeitos do fogo podem ser tanto destruidores quanto criadores, no sonho o paradoxo relaciona-se ao "deixar rolar". É difícil permitir a nós mesmos participar da ordem natural da vida. Muitos de nós, que estávamos no sétimo andar, temos o desejo de controlar. Sabemos como fazer isso e nos sentimos mais seguros e bem-sucedidos quando estamos no controle.

Até mesmo o conceito de "sustentabilidade global" presume que, se pudéssemos ter o controle de nós mesmos, de nossas invenções e de nossa tecnologia, poderíamos criar um mundo melhor. No entanto, tentar prevenir ou controlar os processos naturais não é nada harmonioso. Fragmenta o todo da vida em partes separadas. Isso pode funcionar temporariamente, por décadas ou até mesmo séculos; mas, por fim, isso não é um apoio à vida e, às vezes, resulta em sofrimento e luta.

Em nível de criatividade, como seres humanos, somos freqüentemente forçados a reconhecer nossas ilusões de controle. Todo astronauta, principalmente no início das viagens espaciais, teve de "deixar rolar". Nada era assegurado. Eles tinham de se preparar para morrer para conseguir "renascer" sem o peso do corpo, e depois para voltar para a gravidade da Terra.

Em julho de 1995, as tripulações da Mir e da Atlantis, até então recentemente inimigas e competidoras, promoveram uma primeira reunião de encontro no espaço. Esse evento ilustra o quão rapidamente sistemas inteiros podem mudar, o quanto de beleza podemos criar e quão longe podemos chegar quando nossa atenção é deliberada e consciente. O acoplamento desses dois veículos espaciais demonstra a profunda engenhosidade e talento humanos, acompanhados do perdão e da colaboração.

Todavia, o pequeno ponto escuro na parte clara do símbolo do *Tai Chi* significa, por exemplo, como as missões espaciais estudam os frágeis sistemas de manutenção da vida sobre a Terra. Medem o tamanho do buraco da camada de ozônio à medida que ele cresce. Procuram por grandes queimadas e outros sinais de devastação. Também seguem as pistas dos padrões das mudanças atmosféricas. Os produtos dessa impressionante criatividade estão registrando o processo destrutivo das formas de vida em nosso planeta. Eles estão testemunhando em que pontos a nossa atenção é acidental e inconsciente.

Nosso Processo Evolutivo

Assim como com os pequenos pontos do símbolo do *Tai Chi*, se você se agarrar muito firmemente ao que está morrendo, e se perde oportunidades de explorar a criatividade emergente, isso pode acabar atrapalhando a sua evolução. É da própria natureza do universo, em geral, e do destino humano, em particular, o ato de criar e evoluir.

Ver a Terra como um todo, sem fronteiras políticas, sozinha no escuro do espaço sideral, é quase que, literalmente, mudar o que significa ser uma criatura humana.

Quando a criatividade está desequilibrada em relação às leis naturais, os resultados podem ser desastrosos. O lixo nuclear é conseqüência da criatividade sim, mas sem entrar em harmonia com a totalidade da vida. Quando ocorre o equilíbrio da criatividade com as leis naturais, então os resultados podem ser evolutivos. Ver a Terra como um todo, sem fronteiras políticas, sozinha no escuro do espaço sideral, é quase que, literalmente, mudar o que significa ser uma criatura humana.

Minhas esperanças são animadas diariamente ao perceber, cada vez mais, pessoas do mundo dos negócios que reconhecem os dilemas com que nos defrontamos. São, cada vez mais, pessoas com altos propósitos, dotadas de espírito e alma, que me fazem realmente ter esperanças. Podemos ajudar-nos uns aos outros ao compreender o nosso papel sagrado de líderes, não importa o que esteja acontecendo à nossa volta. Realmente podemos, se aproveitarmos bem essa oportunidade e cumprirmos bem o nosso papel de liderança nesta crítica conjuntura da evolução na Terra.

Nossa esperança coletiva está na nossa contínua evolução. Em tempos de grandes transformações, as condições parecem piorar, antes de se tornarem melhores. Quanto mais explicitamente direcionadas forem as nossas crenças, maiores as possibilidades de evoluirmos das guelras da nossa metáfora para os pulmões.

LIDANDO COM QUESTÕES SEM RESPOSTA

Este não é um livro sobre como salvar a Terra. Este planeta pode cuidar de si mesmo. Este livro é a respeito de salvarmos a nós mesmos. É sobre como entrar cada vez mais totalmente em harmonia com toda a vida — com a nossa própria, com a do vizinho, com a dos animais e das plantas.

À medida que se vai trilhando o caminho de prover liderança no mundo de hoje, você tem de encarar os opostos e viver abertamente a questão do que está morrendo e nascendo na floresta. Você tem de ter o desejo de querer suportar a tensão e de explorar como estes aparentes opostos, reunidos, formam um todo, como podem ser partes do mesmo ciclo de vida.

À medida que desenvolver mais a capacidade para a qual foi designado, você irá conseguir acessar mais do potencial que está disponível para você. Se cuidar de ver o jardim de uma maneira inteiramente nova, irá se surpreender, de forma absolutamente criativa, fazendo coisas que jamais pensou em fazer, em locais nunca antes imaginados, com resultados que jamais pensaria pudessem ser alcançados.

Ao mesmo tempo, uma possibilidade real e assustadora com que lidamos é a de que o *momentum* das forças globais esteja além de uma ação humana positiva, ou seja, que nada tenha conserto; de que, mesmo colaborando com o fluxo natural da evolução na sua própria vida, fazendo o melhor para liderar com consciência e de forma criteriosa, e colocando espírito e alma no trabalho, ainda assim não seja o suficiente; que a mudança dos sistemas também não baste, e que o fogo, presente no sonho, seja a própria destruição se alastrando; e que fechando ou não as cortinas, seremos todos consumidos com tudo o mais que estiver ao redor.

Toda vida na floresta tem os seus ciclos de nascimento, crescimento e morte. Assim também ocorre com a própria floresta. Talvez tenhamos a rara oportunidade de testemunhar a sua morte, a morte da vida biológica sobre a Terra. Um forte recurso para apreciar essa possibilidade é um trabalho de arte chamado *The Box: Remembering the Gift* [A Caixa: Lembrando-se do Presente]. Na verdade, é uma bela caixa de madeira, contendo portfólios desenvolvidos ao longo de vários anos por cinco artistas. O primeiro deles é o "Livro do Perdão"; dentro dele está a página "Ecocide". Os autores convidam-nos a reparar que o desaparecimento da vida sobre a Terra não é excepcional. É natural e já ocorreu antes. Então, se vivemos num período assim, surge a pergunta: "Como vou querer viver numa época que está se esgotando?"

Numa certa sexta-feira, um grupo de grandes amigos passou a noite reunido. Uma mulher disse: "Estou vindo diretamente do médico, pois hoje de manhã descobri um caroço no seio. Ele acha que é benigno, mas só saberei do resultado na próxima semana." Então conversamos sobre épocas em que cada um pensou estar próximo da morte. O que acabamos por compartilhar foram momentos de raríssima vivacidade e presença, de gratidão, de profundo alívio, de reflexão e revisão, de ligação e de fazer o que ainda não foi feito; acima de tudo, compartilhamos o crescimento e a cura que ocorrem durante esses momentos. Talvez, lidar diretamente com a possibilidade de que Gaia, o sistema conjunto da vida na Terra, esteja morrendo, nos ofereça um período coletivo de raríssima vivacidade e presença, de gratidão, de profundo alívio, de reflexão e revisão, de conexão, de fazer o que ainda não foi feito; de crescimento e de cura.

A criação de sistemas que possibilitem um futuro viável, por um lado, e o fato de testemunhar da extinção da vida, por outro, são situações aparentemente opostas. No entanto, ao aceitar que são perfeitamente possíveis, descobri que, seja o que for que se anuncie para os próximos anos, meu relacionamento com o trabalho e com os meus propósitos permanecem consistentes e inalteráveis. Assim como na confecção de colares, por exemplo, as dimensões, formas e cores das pedras ou das contas podem ser diferentes e usadas para formar os mais diferentes modelos. Mas o fio que as une é sempre o mesmo.

Acreditar que a floresta esteja morrendo, indiscriminadamente, ou que estamos passando pelo canal de nascimento de uma realidade inteiramente nova — no final das contas, não importa. O que está em jogo em cada um dos cenários é a qualidade da *sua* vida, da *minha* vida; a experiência do momento e de estar completamente presente na nossa vida à medida que ela se desdobra; a plenitude do nosso crescimento, criatividade e cura; assim como nossa ligação com a vida como um todo.

Uma liderança genuína significa partir em busca, navegar horizontes distantes. Eu procuro cumpri-la ao caminhar bem pela trilha, tal e qual ela se apresenta, e desejo o mesmo para você.

BIBLIOGRAFIA

O que segue é uma lista eclética de leituras, a maioria de livros que me ajudaram durante a jornada e influenciaram o meu pensamento. Todos estão trançados na confecção deste livro. Os marcados com um asterisco estão diretamente citados no texto.

Adams, Scott. *The Dilbert Principle: A Cubicle's-Eye View of Bosses, Meetings, Management Fads & Other Workplace Afflictions*. Nova York, NY: HarperBusiness, 1996.

Anthony, Dick, Bruce Ecker e Ken Wilber, orgs., *Spiritual Choices: The Problem of Recognizing Authentic Paths to Inner Transformation*. Nova York: Paragon House Publishers, 1987.

*Arrien, Angeles. *The Four-Fold Way: Walking the Paths of the Warrior, Teacher, Healer and Visionary*. San Francisco, CA: HarperSanFrancisco, 1993.

Autry, James A. *Love and Profit: The Art of Caring Leadership*. Nova York: William Morrow and Company, Inc., 1991.

Baldwin, Christina. *Calling the Circle: The First and Future Culture*. Newberg, OR: Swan/Raven & Co., 1994.

Barks, Coleman, trad., *The Essential Rumi*. San Francisco, CA: HarperSanFrancisco, 1995.

Bateson, Mary Catherine. *Composing a Life*. Nova York: Penguin Plume, 1989.

Bennis, Warren e Burt Nanus. *Leaders: The Strategies for Taking Charge*. Nova York: Harper & Row, 1985.

*Bernbaum, Edwin. *The Way to Shambhala*. Nova York, NY: Anchor Press/Doubleday, 1980.

Bernstein, Albert J. e Sydney Craft Rozen. *Sacred Bull: The Inner Obstacles That Hold You Back at Work and How to Overcome Them*. Nova York: John Wiley & Sons, Inc., 1994.

*Berry, Thomas. *The Dream of the Earth* San Francisco, CA: Sierra Club Books, 1988.

Block, Peter. *Stewardship: Choosing Service Over Self-Interest*. San Francisco, CA: Berrett-Koehler, 1993.

*Blum, Ralph. *The Book of Runes*. Nova York: St. Martin's Press, 1982.

Bohm, David e Mark Edwards. *Changing Consciousness: Exploring the Hidden Source of the Social, Political and Environmental Crises Facing our World*. San Francisco, CA: HarperSanFrancisco, 1991.

Bohm, David. *On Dialogue*. Ojai, CA: David Bohm Seminars, 1990.

_____. *Wholeness and the Implicate Order*. Londres, Ark Paperbacks, 1992. [*A Totalidade e a Ordem Implicada*, publicado pela Editora Cultrix, São Paulo, 1992.]

Bolman, Lee G. e Terrence E. Deal. *Leading with Soul: An Uncommon Journey of Spirit*. San Francisco, CA: Jossey-Bass, 1995.

*Breton, Denise e Christopher Largent. *The Soul of Economies: Spiritual Evolution Goes to the Marketplace*. Wilmington, DE: Idea House Publishing Company, 1991.

Bridges, William. *JobShift: How to Prosper in a Workplace Without Jobs*. Conferência, MA: Addison-Wesley Publishing, 1994.

*Bridges, William. *Surviving Corporate Transition: Rational Management in a World of Mergers, Lay-offs, Start-ups, Divestitures, Deregulation, and New Technologies*. Nova York: Doubleday, 1988.

Bruyere, Rosalyn L. *Wheels of Light: Chakras, Auras, and the Healing Energy of the Body*. Nova York: Simon and Schuster, 1994.

*Burnett, Frances Hodgson. *The Secret Garden*. Nova York: Lippincott, 1985.

Caldicott, Helen. *If You Love This Planet: A Plan to Heal the Earth*. Nova York: W. W. Norton & Company, 1992.

Cameron, Julia. *The Artist's Way: A Spiritual Path to Higher Creativity*. Nova York: Jeremy P. Tarcher/Perigee, 1992.

*Campbell, Joseph. *Hero With a Thousand Faces*. Segunda edição, Princeton, NJ: Princeton University Press, 1971. [*O Herói de Mil Faces*, publicado pela Editora Pensamento, São Paulo, 1988.]

Carey, Ken. *Return of the Bird Tribes*. San Francisco, CA: HarperSanFrancisco, 1988. [*O Retorno das Tribos-Pássaro*, publicado pela Editora Cultrix, São Paulo, 1989.]

Carey, Ken. *Starseed, The Third Millenium: Living a the Posthistoric World*. San Francisco, CA: HarperSanFrancisco, 1991. [*Transmissões da Estrela-Semente*, publicado pela Editora Cultrix, São Paulo, 1988.]

*Carlin, Peter. "How to Make a Decision Like a Tribe." *Fast Company*, Premier Issue, 1996.

Carlson, Don e Craig Comstock, orgs., *Securing Our Planet: How to Succeed When Threats Are Too Risky and There's Really No Defense*. Los Angeles, CA: Jeremy P. Tarcher, Inc., 1986.

Chappell, Tom. *The Soul of a Business: Managing for Profit and the Common Good*. Nova York: Bantam Books, 1993.

Chopra, Deepak. *Ageless Body, Timeless Mind: The Quantum Alternative to Growing Old*, Nova York: Harmony Books, 1993.

*_____. *The Seven Spiritual Laws of Success: A Practical Guide to the Fulfillment of Your Dreams*. San Raphael, CA: New World Library, 1994.

Collins, James C. e Jerry I. Porras. *Built to Last: Successful Habits of Visionary Companies*. Nova York: HarperBusiness, 1994.

Covey, Stephen R. *The Seven Habits of Highly Effective People*. Nova York: Simon and Schuster, 1989.

Daly, Herman E. e John B. Cobb, Jr. *For the Common Good: Redirecting the Economy Toward Community, the Environment, and a Sustainable Future*. Boston, MA: Beacon Press, 1989.

Das, Ram e Paul Gorman. *How Can I Help? Stories and Reflections on Service*. Nova York: Alfred A. Knopf, 1988.

DePree, Max. *Leadership Is an Art*. Nova York: Dell Publishing, 1989.

Devall, Bill. *Simple in Means, Rich in Ends: Practing Deep Ecology*. Salt Lake City, UT: Gibbs Smith, 1988.

BIBLIOGRAFIA

_____. and George Sessions. *Deep Ecology: Living as if Nature Mattered*. Salt Lake City, UT: Gibbs Smith, 1985.

DiCarlo, Russell E. *Towards a New World View: Conversations at the Leading Edge*. Erie, PA: Epic Publishing, 1996.

Dossey, Larry. *Healing Words: The Power of Prayer and the Practice of Medicine*. San Francisco, CA: HarperSanFrancisco, 1993. [*As Palavras Curam*, publicado pela Editora Cultrix, São Paulo, 1996.]

Easwaran, Eknath. *Take Your Time: Finding Balance in a Hurried World*. Berkeley, CA: Nilgiri Press, 1994.

Elliott, William. *Tying Rocks to Clouds: Meetings and Conversations with Wise and Spiritual People*. Nova York: Doubleday, 1996.

Feinstein, David e Stanley Krippner. *Personal Mythology: The Psychology of Your Evolving Self*. Los Angeles, CA: Jeremy P. Tarcher, Inc., 1988. [*Mitologia Pessoal*, publicado pela Editora Cultrix, São Paulo, 1992.]

Feng, Gia-fu e Jerome Kirk. *Tai Chi — A Way of Centering & I Ching*. Nova York: Collier Books, 1970.

Fideler, David. *Jesus Christ Sun of God: Ancient Cosmology and Early Christian Symbolism*. Wheaton, IL: Quest Books, 1993.

Fields, Rick, Peggy Taylor, Rex Weyler, e Rick Ingrasci. *Chop Wood Carry Water: A Guide to Finding Spiritual Fulfillment in Everyday Life*. Los Angeles, CA: Jeremy P. Tarcher, Inc., 1984.

Fox, Matthews. *The Reinvention of Work: A New Vision for Livelihood for Our Time*. San Francisco, CA: HarperSanFrancisco, 1994.

*Fox, Robert W. "The World's Urban Explosion." *National Geographic*, agosto de 1984.

*Frissell, Bob. *Nothing in this Book Is True, But It's Exactly How Things Are*. Berkeley, CA: Frog, Ltd., 1994.

Fritz, Robert. *Creating*. Nova York: Fawcett Columbine, 1991.

Garfield, Charles. *Second to None: How Our Smartest Companies Put People First*. Homewood, IL: Business One Irwin, 1992.

Goleman, Daniel. *Emotional Intelligence: Why It Can Matter More Than IQ*. Nova York: Bantam Books, 1995.

Gore, Albert R., Jr. *Earth in the Balance: Ecology and the Human Spirit*. Boston, MA: Houghton Mifflin Company, 1992.

Hancock, Graham. *Lords of Poverty: The Power, Prestige, and Corruption of the International Aid Business*. Nova York: Atlantic Monthly Press, 1989.

Handy, Charles. *The Age of Unreason*. Boston, MA: Harvard Business School Press, 1989.

Hanh, Thich Nhat. *The Blooming of a Lotus: Guided Meditation Exercises for Healing and Transformation*. Boston, MA: Beacon Press, 1993.

*Harman, Willis. *Global Mind Change: The Promise of the Last Years of the Twentieth Century*. Indianápolis, IN: Knowledge Systems, Inc., 1988.

_____. e John Hormann. *Creative Work: The Constructive Role of Business in a Transforming Society*. Indianápolis, IN: Knowledge Systems, Inc., 1990. [*O Trabalho Criativo*, publicado pela Editora Cultrix, São Paulo, 1992.]

_____, and Howard Rheingold. *Higher Creativity: Liberating the Unconscious for Breakthrough Insights*. Los Angeles, CA: Jeremy P. Tarcher, Inc., 1984.

Hawken, Paul. *The Ecology of Commerce. A Declaration of Sustainability*. Nova York: HarperBusiness, 1993.

Hawley, Jack. *Reawakening the Spirit in Work: The Power of Dharmic Management*. San Francisco, CA: Berrett-Koehler, 1993.

Heider, John. *The Tao of Leadership: Leadership Strategies for a New Age*. Nova York: Bantam Books, 1985. [*O Tao e a Realização Pessoal*, publicado pela Editora Cultrix, São Paulo, 1986.]

Henderson, Hazel. *Paradigms in Progress: Life Beyond Economics*. Indianápolis, IN: Knowledge Systems, Inc., 1991. [*Transcendendo a Economia*, publicado pela Editora Cultrix, São Paulo, 1995.]

*Hock, Dee W. *The Chaordic Organization: Out of Control and Into Order. World Business Academy Perspectives*, Volume 9, Número 1; Berrett-Koehler, San Francisco, CA, 1995.

Huang, Chungliang Al e Jerry Lynch. *Mentoring: The TAO of Giving and Receiving Wisdom*. San Francisco, CA: HarperSanFrancisco, 1995.

Hubbard, Barbara Marx. *The Revelation: A Message of Hope for the New Millennium*. Novato, CA: Nataraj Publishing, 1995.

*_____. *The Revelation: Our Crisis Is a Birth*. Greenbrae, CA: Foundation for Conscious Evolution, 1993.

Inamori, Kazuo. *A Passion for Success: Practical, Inspirational, and Spiritual Insight from Japan's Leading Entrepreneur*. Nova York: McGraw-Hill, Inc., 1995.

Ingerman, Sandra. *Welcome Home: Following Your Soul's Journey Home*. San Francisco, CA: HarperSanFrancisco, 1993.

Ingram, Catherine. *In the Footsteps of Gandhi: Conversations with Spiritual Social Activists*. Berkeley, CA: Parallax Press, Berkekey, 1990.

Jacobs, Robert W. *Real Time Strategic Change: How to Involve na Entire Organization in Fast and Far-Reaching Change*. San Francisco, CA: Berrett-Koehler, 1994.

Johnston, Charles M. *The Creative Imperative: A Four-Dimensional Theory of Human Growth & Planetary Evolution*. Berkeley, CA: Celestial Arts, 1986.

Kabat-Zinn, Jon. *Wherever You Go There You Are: Mindfulness Meditation in Everyday Life*. Nova York: Hyperion, 1994.

*Kaplan, Robert D. "The Coming Anarchy." *Atlantic Monthly*, fevereiro de 1994.

Kay, James J. e Eric Schneider. "Embracing Complexity: The Challenge of the Ecosystem Approach." *Alternatives*, Vol. 20, número 3, 1994.

*Kelley, Colleen, Robert Ott, Marlow Hodgekiss, Gigi Coyle e Parvati Narcus. *The Box: Remembering the Gift*. Santa Fé, NM: The Terma Company, 1992.

Kelley, Kevin W. (para a Association of Space Explorers). *The Home Planet*. Conferência, MA: Addison-Wesley, 1988.

*Kelly, Marjorie. "The Rising Storm: To Transform Our Economic System, Crisis May Be Necessary." *Business Ethics*, novembro/dezembro de 1995.

*Korten, David C.. *Getting to the 21st Century: Voluntary Action and the Global Agenda*. West Hartford, CT: Kumarian Press, 1990.

_____. *When Corporations Rule the World*. San Francisco, CA, and West Hartford, CT: Berrett-Koehler/Kumerian Press, 1995.

Kyle, David T. *Human Robots & Holy Mechanics: Reclaiming Our Souls in a Machine World*. Portland, OR: Swan/Raven & Company, 1993.

Kubler-Ross, Elisabeth. *Death: The Final Stage of Growth*. Englewood Cliffs, NJ: Prentice-Hall, Inc., 1975.

Land, George e Beth Jarman. *Breakpoint and Beyond: Mastering the Future — Today*. Nova York: HarperBusiness, 1992. [*Ponto de Ruptura e Transformação*, publicado pela Editora Cultrix, São Paulo, 1991.]

*Lawlor, Robert. *Sacred Geometry: Philosophy and Practice*. Londres: Thames and Hudson, Ltd., 1982.

Leakey, Richard and Roger Lewin. *Patterns of Life and the Future of Humankind*. Nova York: Doubleday, 1996.

*LeGuin, Ursula K. *A Wizard of Earthsea*. Nova York: Bantam Books, 1980.

LeShan, Lawrence. *How to Meditate: A Guide to Self-Discovery*. Nova York: Bantam Books, 1975.

Liebig, James E. *Merchants of Vision: People Bringing New Purpose and Values to Business*. San Francisco, CA: Berrett-Koehler, 1994.

*Llosa, Mario Vargas. *The Storyteller*. Nova York: Penguin Books, 1989.

Lodge, George C. *Managing Globalization in the Age of Interdependence*. San Diego, CA: Pfeiffer & Company, 1995.

*Loeb, Marshall. "Editor's Desk: Listen to Business Leaders Talk About Leadership." *Fortune*, 14 de dezembro de 1992.

Lovelock, James. *The Ages of Gaia: A Biography of Our Living Earth*. Nova York: W. W. Norton and Company, 1988.

Lulic, Margaret A. *Who We Could Be at Work*. Newton, MA: Butterworth-Heinemann, 1996.

MacNeill, Jim, Pieter Winsemius e Taizo Yakushiji. *Beyond Interdependence: The Meshing of the World's Economy and the Earth's Ecology*. Nova York: Oxford University Press, 1991.

Macy, Joanna. *Despair and Personal Power in the Nuclear Age*. Filadélfia, PA: New Society Publishers, 1983.

*Mander, Jerry. *In the Absence of the Sacred: The Failure of Technology & The Survival of the Indian Nations*. San Francisco, CA: Sierra Club Books, 1991.

McKibben, Bill. *Hope, Human and Wild: True Stories of Living Lightly on the Earth*. Boston, MA: Little Brown and Company, 1995.

Menzel, Peter. *Material World: A Global Family Portrait*. San Francisco, CA: Sierra Club Books, 1994.

Mindell, Arnold. *The Leader as Martial Artist: An Introduction to Deep Democracy*. San Francisco, CA: HarperSanFrancisco, 1992.

_____. *The Year I, Global Process Work: Community Creation from Global Problems, Tensions and Myths*. Londres: Arkana, 1989.

Mitchell, Stephen. *Tao Te Ching*. Nova York: Harper & Row, 1988.

Moran, Robert T., Philip R. Harris e William G. Stripp. *Developing the Global Organization: Strategies for Human Resource Professionals*. Houston, TX: Gulf Publishing, 1993.

Morgan, Gareth. *Riding the Waves of Change: Developing Managerial Competencies for a Turbulent World*. San Francisco: Jossey-Bass, 1988.

Muller, Robert. *New Genesis: Shaping a Global Spirituality*. Garden City, NY: Doubleday and Company, 1984.

Mumford, Jonn. *A Chakra & Kundalini Workbook: Psycho-Spiritual Techniques for Health, Rejuvenation, Psychic Powers & Spiritual Realization*. St. Paul. MN: Llewellyn Publications, 1994.

Nair, Keshavan. *A Higher Standard of Leadership: Lessons from the Life of Gandhi*. San Francisco, CA: Berrett-Koehler, 1994.

*Ornstein, Robert e Paul Ehrlich. *New World New Mind: Moving Toward Conscious Evolution*. Nova York: Doubleday, 1989.

Pearson, Carol S. *The Hero Within: Six Archetypes We Live By*. San Francisco, CA: Harper & Row, 1989. [*O Herói Interior*, publicado pela Editora Pensamento, São Paulo, 1992.]

Peat, F. David. *Lighting the Seventh Fire: The Spiritual Ways, Healing and Science of the Native American*. Nova York: Carol Publishing Group, 1994.

Peck, M. Scott. *A Different Drum: Community Making and Peace*. Nova York: Simon & Schuster, 1987.

_____. *A World Waiting to Be Born: Civility Rediscovered*. Nova York: Bantam Books, 1993.

Phegan, Barry. *Developing Your Company Culture: The Joy of Leadership*. Berkeley, CA: Context Press, 1994.

*Power, Sally. "Mutually Uncommitted." *Business Ethics*, setembro/outubro de 1995.

*Quinn, Daniel. *Ishmael*. Nova York: Bantam/Turner Books, 1993.

*Ransdell, Eric. "What's Black and White and Working?" *Fast Company*, Premier Issue, 1996.

Renesch, John, org., *New Traditions in Business: Spirit and Leadership in the 21st Century*. San Francisco, CA: New Leaders Press, 1991. [*Novas Tradições nos Negócios*, publicado pela Editora Cultrix, São Paulo, 1996.]

Rhinesmith, Stephen H. *A Manager's Guide to Globalization: Six Keys to Success in a Changing World*. Burr Ridge, IL: Irwin Professional Publishing, 1993.

Rifkin, Jeremy. *Biosphere Politics: A New Consciousness for a New Century*. Nova York: Crown Publishers, 1991.

_____. *Time Wars: The Primary Conflict in Human History*. Nova York: Henry Holt and Company, 1987.

*Ross, Rick. "The Ladder of Inference," in Senge, Peter M., et. al., *The Fifth Discipline Fieldbook: Strategies and Tools for Building a Learning Organization*. Nova York: Doubleday Currency, 1994.

Roszak, Theodore, Mary E. Gomes e Allen D. Kanner, orgs., *Ecopsychology: Restoring the Earth, Healing the Mind*. San Francisco: Sierra Club Books, 1995.

Russell, Peter e Roger Evans. *The Creative Manager: Finding Inner Vision and Wisdom in Uncertain Times*. San Francisco, CA: Jossey-Bass Publishers, 1992. [*O Empresário Criativo*, publicado pela Editora Cultrix, São Paulo, 1992.]

*_____. *The Global Brain: Speculations on the Evolutionary Leap to Planetary Consciousness*. Los Angeles, CA: J. P. Tarcher, Inc., 1983. [*O Despertar da Terra. O Cérebro Global*, publicado pela Editora Cultrix, São Paulo, 1991.]

Russell, Peter. *The White Hole in Time: Our Future Evolution and the Meaning of Now*. San Francisco, CA: HarperSanFrancisco, 1992.

* "Saints and Sinners." *The Economist*, 24 de junho de 1995.

Schaef, Anne Wilson, e Diane Fassel. *The Addictive Organization: Why We Overwork, Cover Up, Pick Up the Pieces, Please the Boss & Perpetuate Sick Organization*. San Francisco, CA: HarperSanFrancisco, 1990.

Schmidheiny, Stephan, com o Business Council for Sustainable Development. *Changing Course: A Global Business Perspective on Development and the Environment*. Cambridge, MA: MIT Press, 1992.

Schmookler, Andrew Bard. *Fool's Gold: The Fate of Values in a World of Goods*. San Francisco, CA: HarperSanFrancisco, 1993.

Schumacher, E. F. *A Guide for the Perplexed*. Nova York: Harper & Row, 1977.

_____. *Small Is Beautiful: Economics as if People Mattered*. Nova York: Harper & Row, 1973.

Schwartz, Peter. *The Art of the Long View: Planning for the Future in an Uncertain World*. Nova York: Doubleday Currency, 1991.

Schwarz, Jack. *The Path of Action*. Nova York: E. P. Dutton, 1977.

Seed, John, Joanna Macy, Pat Fleming e Arne Naess. *Thinking Like a Mountain: Toward a Council of All Beings*. Filadélfia, PA: New Society Publishers, 1988.

*Senge, Peter M. *The Fifth Discipline: The Art & Practice of The Learning Organization*. Nova York: Doubleday Currency, 1990.

Seymour, John e Herbert Girardet. *Blueprint for a Green Planet: Your Practical Guide to Restoring the World's Environment*. Nova York: Prentice Hall, 1987.

*Shipka, Barbara. "Beadwork." *In* Bill DeFoore e John Renesch, org., *Rediscovering the Soul of Business: A Renaissance of Values*. San Francisco, CA: New Leaders Press, 1995.

*_____. "Corporate Poverty: Lessons from Refugee Camps." In Pat Barrentine, org., *When the Canary Stops Singing: Women's Perspectives on Transforming Business*. San Francisco, CA: Berrett-Koehler, 1993.

*_____. "A Sacred Responsibility." In John Renesch, org., *Leadership in a New Era: Visionary Approaches to the Biggest Crisis of Our Time*. San Francisco, CA: New Leaders Press, 1994.

*_____. "The Seventh Story: Extending Learning Organizations Far Beyond the Business." In Sarita Chawla e John Renesch, orgs., *Learning Organizations: Developing Cultures for Tomorrow's Workplace*. Portland, OR: Productivity Press, 1995.

*_____. "Softstuff Application: Developing Work Teams in Technical Organizations." In Kazimierz Gozdz, org., *Community Building: Renewing Spirit & Learning in Business*. San Francisco, CA: New Leaders Press, 1995.

*Shirer, William Lawrence. *Gandhi: A Memoir*. Nova York: Simon & Schuster, 1979.

Sieczka, Helmut G. *Chakra Breathing: Pathing to Energy, Harmony, and Self-Healing*. Mendocino, CA: LifeRhythm, 1994.

Spencer, Sabina A. e John D. Adams. *Life Changes: Growing Through Personal Transitions*. San Luis Obispo, CA: Impact Publishers, 1990.

Starhawk. *The Fifth Sacred Thing*. Nova York: Bantam Books, 1993.

170   LIDERANÇA NUM MUNDO DE DESAFIOS

*_____. *Truth or Dare: Encounters with Power, Authority, and Mystery*. San Francisco, CA: Harper & Row, 1987.

Storm, Hyemeyohsts. *Seven Arrows*. Nova York: Ballantine Books, 1972.

Tart, Charles T. *Open Mind, Discriminating Mind: Reflections on Human Possibility*. San Francisco, CA: Harper & Row, 1989.

Theobald, Robert. *The Rapids of Change: Social Entrepreneurship in Turbulent Times*. Indianápolis, IN: Knowledge Systems, Inc., 1987.

Tichy, Noel M., e Mary Anne Devanna. *The Transformational Leader*. Nova York: John Wiley & Sons, 1990.

Trevelyan, George. *A Vision of the Aquarian Age: The Emerging Spiritual World View*. Walpole, NH: Stillpoint Publishing, 1984.

Trompenaars, Fons. *Riding the Waves of Culture: Understanding Diversity in Global Business*. Burr Ridge, IL: Irwin Professional Publishing, 1993.

Trungpa, Chogyam. *Shambhala: The Sacred Path of the Warrior*. Boulder, CO: Shambhala, 1984. [*Shambhala — A Trilha Sagrada do Guerreiro*, publicado pela Editora Cultrix, São Paulo, 1992.]

Vardey, Lucinda, comp. *Mother Theresa: A Simple Path*. Nova York: Ballantine Books, 1995.

Ventura, Michael. *Shadow Dancing in the USA*. Los Angeles, CA: Jeremy P. Tarcher, Inc., 1985.

*Vonnegut, Jr., Kurt. "Afterword." In *Free to Be... You and Me*. Nova York: McGraw-Hill, 1974.

*Wall, Steve e Harvey Arden. *Wisdomkeepers: Meetings with Native American Spiritual Elders*. Hillsboro, OR: Beyond Words Publishing, Inc., 1990.

Walsh, Roger e Frances Vaughan. *Paths Beyond Ego: The Transpersonal Vision*. Los Angeles: Jeremy Tarcher/Perigee, 1993.

Webster's Ninth New Collegiate Dictionary. Springfield, MA: Merriam-Webster, Inc., 1986.

Weil, Andrew. *Natural Health, Natural Medicine*. Boston, MA: Houghton Mifflin, 1995.

Weisbord, Marvin R., et al. *Discovering Common Ground: How Future Search Conferences Bring People Together to Achieve Breakthrough Innovation, Empowerment, Shared Vision, and Collaborative Action*. San Francisco, CA: Berrett-Koehler, 1992.

Weisbord, Marvin R. *Productive Workplaces: Organizing and Managing for Dignity, Meaning, and Community*. San Francisco, CA: Jossey-Bass, 1988.

Wheatley, Margaret J. *Leadership and the New Science: Learning about Organization from an Orderly Universe*. San Francisco: Berrett-Koehler, 1992. [*Liderança e a Nova Ciência*, publicado pela Editora Cultrix, São Paulo, 1996.]

*White, Frank. *The Overview Effect: Space Exploration and Human Evolution*. Boston, MA: Houghton Mifflin Company, 1987.

*Whyte, David. *The Heart Aroused: Poetry and the Preservation of Soul in Corporate America*. Nova York: Doubleday Currency, 1994.

*Williams, Margery. *The Velveteen Rabbit, or How Toys Become Real*. Nova York: Holt Rinehart and Winston, 1983.

Williams-Heller, Ann. *Kabbalah: Your Path to Inner Freedom*. Wheaton, IL: The Theosophical Publishing House, 1992. [*Cabala — O Caminho da Liberdade Interior*, publicado pela Editora Pensamento, São Paulo, 1992.]

BIBLIOGRAFIA

*Williamson, Marianne. *A Return to Love*. Nova York: HarperCollins, 1992.

Wing, R. L. *The Tao of Power: Lao Tzu's Classic Guide to Leadership, Influence, and Excellence*. Garden City, NY: Doubleday / Dolphin, 1986.

Zuboff, Shoshana. *In the Age of the Smart Machine: The Future of Work and Power*. Nova York: Basic Books, Inc., 1984.

*Zukav, Gary. "Evolution and Business." In Michael Ray e Alan Rinzler, orgs., *The New Paradigm in Business: Emerging Strategies for Leadership and Organizational Change*. Los Angeles, CA: Jeremy P. Tarcher / Perigee, 1993. [*O Novo Paradigma nos Negócios*, publicado pela Editora Cultrix, São Paulo, 1996.]

A Totalidade e a Ordem Implicada
DAVID BOHM

A Totalidade e a Ordem Implicada propõe um novo modelo de realidade. O professor Bohm argumenta que, se formos guiados por uma visão voluntariosa, perceberemos e experimentaremos o mundo como algo fragmentado. Tal visão é falsa, pois se baseia no erro que cometemos ao confundirmos o conteúdo do nosso pensamento com uma descrição do mundo como ele é. Bohm introduz a noção de ordem implicada, em que qualquer elemento contém, dobrada dentro de si, a totalidade do universo — sua concepção de totalidade inclui tanto a matéria como a consciência. Esta obra, muito aclamada, é uma combinação de ciência e filosofia, e foi escrita por um dos mais eminentes físicos do mundo, que foi profundamente influenciado pelo contato íntimo que teve com Einstein e Krishnamurti. Pesquisadores em áreas tão diversas como a psicologia e a física já passaram a considerá-la como o novo paradigma da ciência.

David Bohm estudou no Pennsylvania State College e na Universidade da Califórnia, em Berkeley. Os quarenta anos de pesquisa em física e em filosofia, sobre os quais se baseia esta obra, incluem pesquisas feitas no Lawrence Radiation Laboratory em Berkeley, na Universidade de São Paulo e em Haifa. Atualmente, ele mora em Londres, onde é professor de física teórica no Birkbeck College.

EDITORA CULTRIX

SHAMBHALA

A Trilha Sagrada do Guerreiro

Chögyam Trungpa,
Carolyn Rose Gimian (org.)

Neste guia prático para uma vida iluminada, Chögyam Trungpa oferece ao nosso tempo uma visão inspiradora, baseada na figura do guerreiro sagrado. Nos tempos antigos, o guerreiro aprendia a dominar os desafios da vida, tanto no campo de batalha como fora dele, e adquiria um senso de liberdade e poder pessoal – não através de atos violentos ou agressivos, mas por meio da sensibilidade, da intrepidez e do conhecimento de si mesmo.

Neste livro abre-se o caminho do guerreiro para os que buscam, na época atual, o autodomínio e a máxima realização. Ao interpretar a viagem do guerreiro em termos modernos, Trungpa discorre sobre habilidades como a sincronização entre a mente e o corpo, a superação de padrões arraigados de comportamento, a capacidade de enfrentar o mundo de maneira aberta e corajosa, de relaxar na disciplina e de perceber a dimensão sagrada da vida cotidiana. Acima de tudo, Trungpa mostra que, ao descobrir a qualidade essencialmente positiva da vida humana, o guerreiro aprende a irradiar ao mundo a bondade fundamental, em prol da paz e do bem-estar físico e mental de todos os seres.

Os ensinamentos de Shambhala – assim chamados em referência a um reino lendário nas montanhas himalaias, reino onde imperavam a prosperidade e a felicidade – apontam, desse modo, para a atitude iluminada que existe potencialmente no interior de todo ser humano.

* * *

Chögyam Trungpa – mestre de meditação, professor e artista – fundou o Instituto Naropa e é autor de vários livros sobre o budismo e o caminho da meditação, entre eles *O mito da liberdade, Além do materialismo espiritual* e *Meditação na ação*, publicados pela Editora Pensamento, São Paulo.

EDITORA CULTRIX

AS PALAVRAS CURAM
O Poder da Prece e a Prática da Medicina

Larry Dossey, M.D.

Devolvendo um lugar na ciência da medicina à arte espiritual da cura, *As Palavras Curam* mostra o caminho para uma "medicina que, além de mais eficaz, é mais humana".

Como muitas pessoas que se sentem obrigadas a fazer uma escolha entre o racional e o intuitivo, entre o intelectual e o emocional, entre o analítico e o espiritual, Larry Dossey se diplomou em medicina com a convicção de que a oração era pouco mais que uma superstição. Depois de clinicar durante muitos anos, ficou surpreso ao descobrir a evidência científica do poder de cura da oração. Sua visão de mundo "acadêmica, científica" se transformou e Dossey embarcou numa jornada de dez anos de pesquisa sobre o relacionamento entre a oração e a cura.

As Palavras Curam é um livro provocante, corajoso; é o resultado da busca de Dossey que, ao repensar sua própria vida espiritual, descobriu o que funciona melhor para os pacientes. Citando estudos convincentes e casos clínicos fascinantes, Dossey mostra como a prece complementa, embora não substitua, uma boa medicina. Ele descreve, por meio de experiências de laboratório, como a oração age e como a física moderna pode ser compatível com esse tipo de ação. Dossey investiga ainda quais os métodos de oração que contêm o maior potencial de cura e como o nosso temperamento inato e a nossa personalidade influenciam o estilo das preces. Voltando-se tanto para os pacientes como para os médicos, ele apresenta uma evidência convincente de que a *crença* ou confiança no tratamento aumenta a sua eficácia.

Intuitivo e inspirador, o livro do dr. Larry Dossey defende uma corajosa reintegração entre ciência e espiritualidade.

* * *

Do mesmo autor, a Editora Cultrix publicou *Reencontro com a Alma - Uma Investigação Científica e Espiritual*.

EDITORA CULTRIX

O TRABALHO CRIATIVO
O Papel Construtivo dos Negócios numa Sociedade em Transformação

Willis Harman e *John Hormann*

Quais são os novos meios de se fazer negócios capazes de proporcionar a todos os cidadãos oportunidades para um trabalho significativo e gratificante? E por que só agora essa ação é possível?

Uma profunda transformação no papel do trabalho e dos negócios está em andamento. Sua energia propulsora não brota de uma administração engenhosa, ou de líderes carismáticos, mas é uma irrupção de novas metas e valores mais profundos que inclui uma grande faixa de pessoas. Existem fortes evidências de que a valorização do aprendizado, do ensino e do desenvolvimento humano indica uma sociedade em vias de curar a si mesma.

Os negócios, grandes e pequenos, estão numa posição singular para canalizar essas aspirações em prol de um trabalho significativo voltado para a transformação construtiva do mercado de trabalho. Muitos negócios estão já em bem-sucedido estágio de funcionamento, com base em novas regras recém-elaboradas: sobreviver, prosperar e colaborar.

. . . .

"Uma obra-prima. Harman e Hormann atacam os maiores problemas que atormentam o ser humano atual com uma perspectiva eclética única, compassiva, fruto de uma laboriosa e minuciosa pesquisa. O livro resultante é uma fonte de inestimável valor para todos os que se interessam pelo futuro do trabalho."

— Larry Wilson, fundador e diretor-executivo dos Pecos River Learning Centers, Inc.

"Não conheço outro tema de tanta relevância para a nossa vida na Terra agora do que o modo como fazemos negócios. O comércio pode destruir ou recuperar o planeta. Este livro insuperável sobre o trabalho no futuro é uma crítica extraordinária sobre o tema crucial da nossa década: a responsabilidade social."

— Paul Hawken, empresário, consultor, autor de *The Next Economy*.

"Livro desbravador. Se me fosse perguntado que livro considero essencial para abrir novas perspectivas de vida e fazer uma contribuição significativa, eu indicaria este. Harman e Hormann divulgam uma sabedoria que reúne apenas o melhor da economia, da psicologia dos negócios, da física, da engenharia, da filosofia. Oremos para que algum dia, logo no início do próximo milênio, sejamos capazes de olhar para o passado e dizer que seguimos as diretrizes sugeridas por este livro."

— Michael L. Ray, co-autor de *Creativity in Business*.

EDITORA CULTRIX

O HERÓI INTERIOR

Seis Arquétipos que Orientam a Nossa Vida

CAROL S. PEARSON

Este livro trata das histórias que nos ajudam a encontrar o sentido de nossas vidas. Nossa experiência é definida literalmente pelas concepções que temos da vida. Criamos histórias sobre o mundo e, de um ponto de vista mais amplo, vivemos segundo as suas tramas. Nossa vida depende, em grande medida, do *script* que adotamos, conscientemente ou, o que é mais provável, inconscientemente.

Todos os mitos do herói, culturais ou individuais, indicam-nos os atributos que são considerados definidores do bem, do belo e da verdade, e assim nos ensinam aspirações valorizadas culturalmente. Muitas dessas histórias são arquetípicas. Os arquétipos, como postulava Carl Jung, são padrões permanentes e profundos da psique humana que se mantêm poderosos e atuantes ao longo do tempo.

O Herói Interior combina literatura, antropologia e psicologia para definir com clareza e compreensão profunda os seis arquétipos que existem dentro de nós (o Inocente, o Órfão, o Mártir, o Nômade, o Guerreiro e o Mago). Este livro contém também exercícios destinados a despertar e iluminar esses arquétipos de modo a nos tornarmos mais íntegros e conscientes da nossa jornada interior.

EDITORA CULTRIX